www.united-pc.eu

Rabin Gangadin

Surinaams literair landschap

Voorwoord

Er is over de Surinaamse literatuur veel gepubliceerd en waarbij in een aantal gevallen zelfs diep op de analyse van de literaire werken is ingegaan. Een publicatie over het ontstaan van de Surinaamse literatuur heeft zich nog nooit aangediend. De meeste publicaties kennen een geschiedkundige en antropologische benadering , verder is er een wagonlading aan bloemlezingen en themanummers van literaire tijdschriften. In een paar publicaties wordt er een kritische toon geslagen over de drijfveer van de Surinaamse auteur en wordt zijn werk aan een analyse onderworpen , zonder meer. De enkele literatuurwetenschappers hebben geprobeerd de Surinaamse literatuur vanuit dit discours-begrip te benaderen maar bleven in de rondte circuleren. In dit werk tracht ik de Surinaamse literatuur niet uitsluitend begrijpelijk te maken vanuit een breed literatuur-kritisch kader maar ga in zeer grote lijnen en selectief in op de taalpolitiek, de samenleving waarbij de onderlinge verhouding tussen de bevolkingsgroepen, de wijze waarop het Surinaamse volk zich cultureel oriënteerde en organiseerde, de ontwikkelingen in de kunst- en vermaakssector etc. Verder ga ik zeer oppervlakkig in op het literatuurbedrijf in Suriname zoals de pers, de uitgeverijen, boek en boekhandel, bibliotheken, kranten en periodieken, leespubliek, leesverenigingen en schrijversorganisaties. Zoals Albert

Helman schreef zouden de drie belangrijkste literaire talen in Suriname het (Surinaams-)Nederlands dat de officiële landstaal zou moeten voorstellen, het Sranantongo of Sranan - de taal van de slaven en hun nakomelingen, maar nu ook het Sarnami. Voor het proza is het Nederlands kwantitatief absoluut de belangrijkste taal; voor de poëzie houden Nederlands en Sranantongo elkaar in evenwicht, terwijl het Sarnami eerst betrekkelijk recent, na 1977, belangrijk is geworden. In mijn werk beperk ik mij uitsluitend tot de Nederlandstalige werken van auteurs die over Suriname hebben gepubliceerd en ga ik diep in op de architectuur van de Surinaamse literatuur, gevolgd met een poging om aan deze literatuur uiteindelijk een sociolinguïstisch verantwoorde definiëring te geven.

Tot slot trek ik ook verbindingslijnen tussen Surinaamse schrijvers en hun collega's in andere ontwikkelingslanden om daarmee bloot te leggen dat er in hun drijfveer tot het schrijfproces weinig verschil bestaat. Dat komt doordat Suriname en de overige ontwikkelingslanden te kampen hebben met een economische en politiek klimaat dat overeenkomsten met elkaar vertoont. De overeenkomsten zijn uitstekend en op een niet mis te verstane wijze uitgebeeld in de door hen geproduceerde literaire werken.

Inleiding

Er hoeft geen misverstand over te bestaan: de Surinaamse of Antilliaanse literatuur, hetzij daarginds of hier geschreven, ligt bijzonder slecht in de Nederlandse markt. Uiteraard zijn er uitzonderingen aan te wijzen indien het gaat om werken van Surinaamse schrijvers als Clark Accord, Anil Ramdas, Karin Amatmoekrim, en Albert Helman wiens werken via de Salamanderreeks van Querido een groot publiek konden bereiken. Zelfs de werken van PC-Hooftprijs winnares Astrid Roemer scoren vrij sober op de boekenmarkt. De vraag is waarom boeken van deze categorie schrijvers geen succes hebben, terwijl er voor het werk van het leeuwendeel van hun Nederlandse collega's en zelfs van auteurs van Islamitische afkomst, ondanks de terugloop van de belangstelling voor literatuur, een redelijk groot publiek bestaat. In de eerste plaats spelen in het algemeen de origine en de vaak moeilijk uitspreekbare namen van de niet-Nederlandse auteurs een voorname rol. Hierbij moet ik gelijk als kanttekening plaatsen dat de Islamitische gemeenschap in Nederland op zich een veel groter lezerspotentieel belooft dan de Surinaamse . De culturele cohesie in de Islamitische gemeenschap is veel sterker dan die onder Surinamers. De verklaring t.a.v. het overweldigend succes van islamitische schrijvers in Nederland en de ontvangst van hun werk door literaire etablissementen is op enigerlei wijze een beetje duidelijk: Ze hebben in tegenstelling tot hun Surinaamse collega's sowieso meer stof om erover te schrijven. Islamitische schrijvers weten zich te profileren, ze zijn een grote groep in Nederland die een commerciële houvast doet vermoeden. Het woord halal roept dezelfde associaties op als Wallstreet. Zij zijn beter vertegenwoordigd en georganiseerd middels hun eigen literaire platforms etc. Op hun Suikerfeest begaan zij nooit de fout om prominente Nederlandse gasten waaronder uitgevers niet uit te nodigen voor een culturele kennismaking. Surinaamse schrijvers daarentegen scheren langs elkaar en weten zich ook niet te bundelen. De Surinaamse literatuur past nu eenmaal niet in de hokjes van de Nederlandse literatuur. Van enige verwantschap met de Nederlandse literatuur is vooralsnog geen sprake, waarmee ik beslist niet wil beweren dat het de Surinaamse schrijvers niet lukt om sfeer, verhaalcompositie, spanning en intrige op een magistrale wijze te verwoorden. Maar de traditie blijft voor hen wel een heilig huis. Volgens het standpunt van de Surinaamse lezer zou het voornamelijk om het verhaal moeten gaan en niet om de taal. Los van deze Surinaamse attitude tegenover de literatuur is het ook vermeldenswaard dat de meeste toonaangevende Nederlandse critici volgens een HP-nummer uit september 1983 het zo druk zouden hebben met het bespreken van gevestigde literaire auteurs van Nederlandse komaf dat zij daardoor zelden of nooit aan werk uit 'de minderheidshoek' toe zouden komen. Eigenlijk heeft de gevestigde Nederlandse literaire kritiek nooit goed geweten wat die met die Surinaamse aanwas aan schrijvers aan moest . Literaire auteurs van etnische komaf in het algemeen vallen naast dit genoemde euvel meestal onder begenadiging van recensenten van lagere orde die denken er wat op los te kunnen leuteren in hun kolommetje in de krant. Aangezien de categorie migrantenliteratuur een ondergeschikte positie toebedeeld heeft gekregen noopt het de recensenten een groot deel van de hen toegemeten ruimte te spenderen aan achtergrondinformatie voor de lezer. Veel recensies vervallen op deze wijze in een folkloristisch relaas en komen niet toe aan een grondige bespreking van het werk. Volgens een Bzzletin nummer uit 1981 dat gewijd was aan de literaire kritiek zou bij het gros van de Nederlandse critici de voorkeur voor teksten uitgaan naar die welke in weinig woorden een soapserie aan betekenis met zich mee zou dragen. Men is allergisch voor de directe, harde, cynische en serieuze benadering en blijft men zich verschansen achter de ironische stijl ook al is de tekst compleet zielloos en gaat die volstrekt ook nergens over . Een andere factor die de relatie Surinaamse auteur - Nederlandse recensent zou doen vertroebelen is de constatering dat er te veel ondermaats werk van Surinaamse auteurs in de markt zou liggen hetgeen Nederlandse critici als 'excuus' menen te kunnen gebruiken om ook het goede werk te negeren. Parallel aan deze negatie zijn in de loop der jaren thema's als migratie en historie flink gaan meespelen in de werken van Surinaamse schrijvers, zowel woonachtig in Nederland als in Suriname. Zulke thema's waren reeds eerder manifest in werken van Astrid Roemer, Ellen Ombre, Bea Vianen, Cándani, Edgar Cairo en Leo Ferrier. Aan de hand van de analyse van de publicaties van in het bijzonder deze toonaangevende schrijvers wil ik een poging wagen om de lezer langs die weg een kijkje te gunnen in de evolutie van de Surinaamse literatuur. In het algemeen beantwoordt het beeld aan het vervatte in de eerste regel. Indien één van hen een literair festival organiseert legt men meteen een zwarte lijst aan met namen van schrijvers en dichters die men onder geen beding zal willen uitnodigen. Dit geldt ook voor bloemlezingen en themanummers van literaire tijdschriften. Een goed illustratief voorbeeld voor de laatste is het volgende: Tussen 1994 en 2008 zijn er heel wat literaire tijdschriften en bloemlezingen geweest zoals De Gids, De Tweede Ronde, Streven, Deus ex Machina etc. die onder het gezag van hoogleraar in de Caraïbische letteren aan de UvA, Michiel Van Kempen een themanummer wijdden aan Surinaamse dichters en schrijvers. Deze hoogleraar die doorgaans de gewoonte had alles en een ieder te bespreken, zelfs de Surinaamse kruidenier die zijn ogen diens koopwaar in een vrij literaire/poëtische stijl had aangeprezen, maakte in deze themanummers wel een zogeheten kritisch onderscheid. Op zich steekt er niets oneervols in ware het niet dat de hoogleraar enkel op aandringen van een groep georganiseerde auteurs een andere categorie met wie men in de clinch lag, buiten sloot. Literaire criteria zijn door hem niet toegepast geweest. Hier had de Weekkrant Suriname in 1997 aandacht aan besteed en deze ontwikkeling als deerniswekkend betiteld. Ten aanzien van Surinaamse - en Antilliaanse schrijvers zou er misschien ook een nieuw fenomeen als verklaringsgrond kunnen dienen voor de reden waarom werken van Surinaamse en Antilliaanse auteurs er niet in slagen de belangstelling van vele Nederlandse leesconsumenten te doen prikkelen.Diverse auteurs uit deze twee etnische groepen hebben meer dan eens de vraag moeten beantwoorden of de boeken echt door henzelf zijn geschreven. Zelfs auteurs van Turkse -en Marokkaanse origine hebben nooit te kampen gehad met zulk een wantrouwen jegens hun schrijftalent. De meest neutrale plek alwaar deze opvatting teruggevonden kan worden is de vakgroep onderwijskunde binnen de universiteiten alwaar men vele studies heeft gedaan over het fenomeen racisme in Nederlandse school-en leesboeken. In deze boeken werden personages met in het bijzonder een niet-blanke huidskleur neergezet als slecht Nederlands sprekende lui. Zelfs in de roman Onder Professoren van W.F, Hermans wiens echtgenote zelf een Surinaamse was, figureert een zwart vrouwelijk personage van Surinaamse oorsprong dat in syntactisch opzicht verhaspeld Nederlands spreekt.Volgens het biologisch racisme dienen raskenmerken als grondslag om iemands intelligentieniveau, kunde kennis en creatieve vaardigheden te bepalen. Hier valt dus ook de mate van beheersing van de Nederlandse taal onder. Vertel deze categorie vooral niet dat de Germaanse talen waaronder het Nederlands herleid zijn uit het oeroude Sanskriet. Dit is dan juist datgene wat men zelfs in zijn nachtmerrie niet als wetenschappelijk vastgelegd feit opgediend wenst te krijgen. Het is dan voorstelbaar dat de categorie Nederlanders die met dit soort hersenspoeling is opgevoed, Nederlanders auteurs met expliciet een donkere huidskleur de vraag zal blijven voorleggen hoe het kan dat zij in een taal die men zelf niet op een hoog gedifferentieerd niveau machtig is , presteren een boek te schrijven. Een conflictueuze opmerking hierbij zou tevens kunnen zijn het door Nederlandse wetenschappelijke instituten zelf geconstateerde feit dat het Nederlandse taalgebied sinds 1983 onder hoofdzakelijk autochtone intelligentsia sterk aan het eroderen is. Ten gevolge van deze erosie is men het gehele Nederlandse idioom gaan afstemmen op het taalvermogen van de hedendaagse Nederlander. De gebezigde taalvormen en uitdrukkingswijzen in zelfs opiniebladen uit de jaren tachtig zijn radicaal anders dan die van nu. Hierover nog meer. De laatste jaren is de twijfel en argwaan jegens de mate van Nederlandse taalbeheersing onder allochtonen in het algemeen zelfs in intensiteit toegenomen omdat allochtonen in het algemeen geassocieerd worden met inburgering-en taalcursussen. In het verlengde van voornoemde opsomming van redenen geldt namelijk ook dat Nederlandse lezers in het algemeen in de romans van Surinaamse-en Antilliaanse de herkenbaarheid missen: het zijn niet altijd de situaties waar zij als lezer zich in kunnen verplaatsen en die kunnen visualiseren. Verder geldt dat de doeltreffendste manier om een boek in de aandacht te brengen, bestaat uit reclame van de uitgever en aandacht in de pers waarbij Surinaamse en Antilliaanse schrijvers die gelegenheid veelal mis lopen. Het toenmalige weekblad Haagsche Post had rond 1982 aan dit schreeuwende onrecht een heel themanummer gewijd .Uitgevers met Surinaamse schrijvers in hun fonds hadden deze ventilatiemogelijkheid benut om uitdrukking te geven aan hun terechte gevoel van verongelijktheid. Het gevolg daarvan is dat Surinaamse auteurs overgeschoten exemplaren van hun werken na verloop van tijd in de uitverkoop aantreffen. Dat zou niet erg zijn als de schrijvers uit deze landen niets bijzonders te vertellen hadden, maar het tegendeel is waar. De typische karaktertrek van vooral de Surinaamse schrijvers in Nederland is dat zij afrekenen met een gevoel van machteloosheid en desintegratie. Nederlandse auteurs leven te vaak verzoend met het leven: dat moet althans de conclusie zijn wanneer zij enkel jeugdcomplexen, geremde gevoelens en verstoorde relaties van zich af schrijven. Ook zijn er voorbeelden bekend van werken, die slechts de maatschappelijke beroeringen te Holland verhalen. Wijlen Martin Van Amerongen , toentertijd nog hoofdredacteur van De Groene Amsterdammer zei over deze laatste een keer spottend: "je zou met een Nederlandse roman naar een onbewoond eiland moeten gaan". Kennelijk aangestuurd door het "ons volk eerst gevoel " bleven recensenten werken van auteurs van Nederlandse origine met plezier en toewijding bespreken met welke mentaliteit Gerrit Komrij zich een keer de toorn op de hals haalde. Hij schreef: Terwijl Parijs het met één Proust moet doen, zou er in Nederland, als je tenminste de recensenten moet geloven, ieder jaar, een nieuwe Proust worden geboren. Binnen het kader van het onderwijs poogt slechts een enkele Nederlandse leraar zijn klas te interesseren voor Surinaamse en Antilliaanse schrijvers. De zwarte kindertjes op de Antilliaanse en Surinaamse scholen daarentegen, mogen wel bij een temperatuur van veertig graden krankzinnige dicteezinnetjes als ,,Het heeft hier zojuist gesneeuwd" opschrijven, die de juf met een komische koloniale gebrokenheid door het lokaal laat galmen. Taaltechnisch vertonen werken uit voornoemde streken niet zulke wezenlijke verschillen om ze reeds op die grond af te wijzen. Het is vaak een sterke dosis conservatisme van kritiek en publiek, waardoor Nederlandse schrijvers prioriteit krijgen:

dikwijls wordt werk van jonge Surinaamse en Antilliaanse auteurs gewoon doodgezwegen. De barokke romans van Edgar Cairo kregen nu en dan aandacht, en daarmee was het bekeken. In een Bzzlletin-nummer dat gewijd was aan Nederlandse literaire critici liet Volkskrantrecensent Willem Kuipers zich ontvallen dat auteurs van Hollandse origine immers tot de Hollandse cultuurdragers behoren en daardoor zou het erg ongepast zijn hun werken onopgemerkt te laten, alsof de rijke verscheidenheid in het Nederlandse literatuurgebied er mee gediend zou worden door het koloniale literaire experiment als een cultuurfactor van lage rang te beschouwen. Gewezen toonaangevende literatuurredacteuren als K. L. Poll en Willem Kuipers doorzagen blijkbaar al bij eerste oogopslag de ,,gebrekkigheid" van de werken van deze categorie auteurs; of misschien waren ze bang voor verderfelijke effecten van deze exotische literatuur. Poll bijvoorbeeld weigerde in alle toonaarden pennenvruchten van Surinaamse en Antilliaanse auteurs in het Hollands Maandblad op te nemen, omdat hij er heilig in geloofde dat niet-Hollanders het Nederlands nooit in alle genuanceerdheid zouden kunnen beheersen. Zijn aardigste kritiek vind ik nog steeds het commentaar dat hij eens op mijn werk gaf: ,,Het is een aardig gelukt tekstje, maar tot mijn spijt heb ik het stadium om erin te geloven dat buitenlanders onze taal zo goed machtig zijn dat ze daarin kunnen schrijven, nog niet bereikt."

Het zal wel een tijdje duren vóór Surinaamse auteurs hun woorden aan iets anders dan aan politieke en antiracistische sentimenten zullen kunnen wijden. Literatuur is overigens een mentaal avontuur, waarbij alle opgedane ervaringen worden gebruikt: de wereld van de schrijver moet zich in de beschouwing, de bewondering en de verontwaardiging van de lezer in al haar diepte kunnen ontplooien. Wat de Surinaamse letteren betreft, mag dan gewezen worden op werken van Leo H. Ferrier, Astrid Roemer, Bea Vianen, Albert Helman, René de Rooy, Corly Verlooghen, Shrinivasi en Thea Doelwijt. Men moet er echter aan denken dat de allerindividueelste emotie in de Surinaamse gemeenschap niet zomaar in de openbaarheid mag worden gegooid: alle gedachten moeten worden uitgedragen op de in Suriname alom bekende en beminde lijzige toonaard (kroetoe). In Nederland trachten vele Surinaamse ,,nationalisten" in nogal brallerige tekstén de massa aan te sporen naar de eigen identiteit te zoeken in plaats van zich aan de Nederlandse taal en cultuur ,,aan te passen". Om wat voor identiteit gaat het hier? Het is een identiteit die men, toen men nog in Suriname woonde, niet als reëel erkend wenste te krijgen; men ging juist op zoek naar Europese waarden en normen, waarmee men binnen de gemeenschap kon pronken. Dat uitte zich vooral in (agrarisch) Nederlands taalgebruik en in kleding. Maar toen men in Nederland merkte, de competitie tegen de

Nederlander te verliezen, trok men zich terug in het eigen tropische holletje. Maar wie bepaalt wat andermans identiteit moet zijn? Dat maakt iedereen voor zichzelf uit, dunkt me, daar het zoeken naar identiteit niets anders is dan een bewustwordingsproces. De enige publicatiemogelijkheden" van de meeste Surinamers waren voorheen de schreeuwerige informatiebulletins, uitgebracht door welzijnsinstellingen . Bij de redactie daarvan leefde doorgaans de gedachte dat hoe eenvoudiger (banaler, platvloerser) een stuk geschreven is, des te hoger de informatieve waarde ervan zou zijn. De redacteuren zelf konden meestal niet één zinnig stuk op papier krijgen zonder dat door de geestelijke de inspanning het puntje van hun tong naar buiten floepte en de zweetdruppels gelijk Afrikaanse edelstenen op hun voorhoofd hadden gepareld; en als zulke mensen hun criteria kunnen opleggen, werkt dat op aankomende schrijvers alleen maar desastreus. In de literatuur zitten nu eenmaal ,,liberale trekken". Resumerend zou ik willen stellen dat zelfcensuur, sociale repressies, luiheid van de Surinaamse schrijver zelf, tirannie van het lezerspubliek of van de reproducerende krachten erg nadelig op het Surinaamse literatuurbedrijf werken.

Surinamers vs de taal van Nederlanders

Zoals hierboven aangegeven zijn er Nederlanders die het niet zien zitten dat Surinamers in het

Nederlands schrijven terwijl paradoxaal genoeg Surinamers onderling ook een dergelijk onderscheid maken dat niet zelden etnisch geïnspireerd lijkt te zijn. Meer hierover, verder in dit essay. Het is opmerkelijk dat Belgen een wantrouwen van een dergelijke orde nooit veruitwendigd hebben tegenover etnische auteurs in eigen land. Verder schijnen Fransen, Duitsers en Engelsen en Spanjaarden dit eveneens niet te doen. Waarom uitgerekend mensen in Nederland? De enige daadwerkelijke taalbeheersers in Nederland zijn vaak te zoeken onder de columnisten, essayisten, schrijvers, dichters, literaire dilettanten, enzovoorts, maar hun aantal is niet voldoende om er een van de schiereilanden van Nederland mee te over-bevolken. De rest bedient zich van een 'snackbar-vocabulaire' en een idioom waarbij het onderwerp in een krolse omhelzing ligt te flirten met het lijdend voorwerp, terwijl de kronkel in de ene alinea narcistisch glimlacht naar zijn spiegelbeeld in de volgende. Wijlen schrijver, dichter, essayist en columnist Joost Zwagerman zei op 30 september 2002 in het programma Lagerhuis dat Nederlanders de domste, meest arrogante en meest onbeschofte mensen in Europa zouden zijn. Zij kunnen bij het Groot Dictee Der Nederlandse Taal niet eens winnen van de Belgen. Hij vervolgde-. 'Je moet over een bepaalde mate van intelligentie beschikken om over gewichtige zaken als normen,waarden en aanpassing te kunnen praten, en daarover beschikt men in Nederland niet'. Surinamers in Nederland zijn, tegen het decor van de toenemende taalverschraling onder de gehele Nederlandse bevolking, te kwalificeren als volwaardige mededragers van het Nederlands. Het heeft dus weinig zin de verwijtende vinger te richten op een bepaalde groep, die taalbehoevend zou zijn. Zuiver linguïstisch gaat de gehele Nederlandse bevolking aan dit euvel ten onder, ondanks taalreddende instellingen als de Taalunie en het Genootschap van de Taal in Den Haag. Nederland en België hebben zich verenigd in voornoemde Taalunie zonder dat Nederland zich ooit heeft willen realiseren dat het Nederlands zoals het zelfs heden in Suriname wordt gebezigd, meer overeenkomsten dan verschillen vertoont met het Nederlands in Nederland. Er zijn genoeg Nederlanders die hun vermeende taalbeheersing ontlenen aan het feit dat er genoeg buitenlanders zijn tegenover wie zij ten aanzien van hun eigen vermeende eclatante taalbeheersing niet in de eerste plaats als een revisor moeten optreden maar boven hen kunnen torenen als ware taalvirtuozen.

Straattaal

Een ander sluipend gevaar dat gelijk kanker gedijt binnen het Nederlandse taalgebied is de oprukkende straattaal. In feite zou voornamelijk de patriottisch gezinde Nederlander zich mogen troosten met de gedachte dat Suriname, alwaar het klassieke Algemeen Beschaafd Nederlands in overbeschaafde vorm geconserveerd is gebleven, als redder van het eroderende Nederlandse taalgebied zou kunnen worden aangemerkt. Suriname werd overigens in 2005 officieel toegelaten tot de Nederlandse Taalunie. Het is buitengewoon te betreuren dat een land als Suriname dat door niemand anders dan door de Nederlandse taalunie in 2005 officieel geaccrediteerd is als Nederlands taalgebied (lees: taaldildo), met zijn schrijversaantal volstrekt niet kan profiteren van een, desnoods verkapte voorkeursbehandeling. Zelfs de literaire agenten bezondigen zich aan deze negatie. Terwijl in de antieke tijde werken van Nederlandse schrijvers zoals Simon Vestdijk, Louis Couperus, Jan Wolkers, W.F. Hermans, A den Doolard, Joost Vondel etc. ongevraagd over de Surinaamse pupillen heen werden gedumpt en werden ze op mondelinge tentamens Nederlands ook nog eens bestraffend aan de tand gevoeld ten aanzien van hun kennis en inzicht betreffende de stijl, stilistische variaties, verhaalcompositie etc. van de romans', bleven Nederlanders zich meewarig opstellen tegenover werken van auteurs van Surinaamse origine. De massale exodus van Surinamers naar Nederland ten spijt die wellicht zou kunnen doen vermoeden dat er na de verwerking van deze culturele invasie een periode zou uitbreken van culturele cohesie, wees de praktijk er echter het tegendeel van uit. De Nederlander bleek hoofdzakelijk gepreoccupeerd te zijn door de "oewwij " , de lexicale aberraties en de beklemtoning van de Surinamer dan door diens creatieve -en scheppende vermogen.

In toko's naast de roti's en bara's

Surinaamse schrijvers moeten het doen met uitgaven in eigen beheer(hierover straks veel meer) waarbij hun boeken naast de roti's, bara's, etc. in de vitrine's van Surinaamse toko's uitgestald liggen. Als het een enkele Surinaamse schrijver lukt zich een weg te banen door de jungle van literair Nederland, slaagt betrokkene er tevens in de desbetreffende uitgeverij ertoe te bewegen andere Surinaamse concurrenten buiten de deur te houden omdat die politiek incorrect zouden zijn. Een enkele Nederlander, Michiel van Kempen genaamd die zich met een proefschrift over de geschiedenis van de Surinaamse literatuur de graad van doctor in de Caraïbische letteren op de hals wist te halen, wordt weliswaar gezien als de enige goede wegbereider en eyeopener van het Surinaamse literaire talent, maar ook die moet het hebben van de groep die hem openlijk adoreert dan van de enkele schrijvers die kritische kanttekeningen bij zijn bekwaamheid plaatsen. Ten aanzien van deze laatste categorie schroomt Van Kempen niet hen op een laffe manier te ridiculiseren op zijn door de Staat gesubsidieerde privéforum: Caraïbisch Uitzicht.

Hoofdstuk I

Het uitgeven in eigen beheer

Surinaamse schrijvers zijn doorgaans aangewezen op de selfpublishing omdat reguliere Nederlandse uitgeverijen geen gat voor dat soort literatuur in de Nederlandse markt zien. In Suriname zelf zijn er te weinig uitgeverijen met als gevolg dat de uitgeverijen die er wel zijn een meer dan een normale selectie moeten toepassen die niet zelden gestoeld is op de wijze waarop de auteur in de maatschappij staat en de wijze waarop betrokkene zich in het dagelijkse leven laat omringen. Het moge hierdoor duidelijk zijn dat hoe protseriger men zich kan profileren des te groter de kans voor betrokkene is dat een uitgeverij voor het broedwerk van betrokkene warm loopt. Over de selectiecriteria door Nederlandse uitgeverijen ten aanzien van werken van Surinaamse schrijvers volsta ik met mijn eerdere analyse erover . De opkomst en groeiende populariteit van Selfpublishing in zijn huidige vorm, als gevolg van het digitaliseringproces, heeft ertoe geleid dat amateur-schrijvers en uitgevers in eigen beheer ingang hebben gevonden in het literaire veld. Een marktonderzoek over Selfpublishing in Duitsland toonde daarnaast aan dat er een hybridisering van de schrijver plaatsvindt. Een stijgend aantal schrijvers publiceert zijn of haar titels zowel in eigen beheer als via een traditionele uitgeverij. Weliswaar is het aandeel amateur-schrijvers met 49%

van de ondervraagden hoog. Het aandeel amateur-schrijvers daalt echter en meer professionele auteurs geven hun titels uit in eigen beheer. Zo geven 51% van de geënquêteerde auteurs aan dat ze hun werken met professionele doeleinden uitgeven, waarbij het voor 12% de voornaamste bron van inkomsten en voor 39% hun beroep is. De opkomst van deze nieuwe groep culturele producenten heeft als gevolg dat er ruimte komt voor nieuwe modellen. Een interessante ontwikkeling die samenhangt met de digitalisering en de opkomst van Selfpublishing is daarnaast de trend van collaborative authorship waarbij de lezer bijdraagt aan de totstandkoming van een boektitel. Alhoewel de invloed hiervan op dit moment nog marginaal is, zal deze trend in de toekomst wellicht aan belang toenemen. Selfpublishing heeft een niet te negeren invloed op het literaire veld. De opkomst van Selfpublishing en de hiermee verbonden ontwikkelingen spelen een belangrijke rol en trekken langzamerhand de aandacht van uiteenlopende wetenschapsgebieden. In het volgende zal ik nader ingaan op de invloed van Selfpublishing op het literaire veld, in het bijzonder op de uitgeversbranche en de gevolgen hiervan voor de rol van traditionele spelers in het veld. Thompson die Bourdieu's theorie toepast op de uitgeversbranche en vertaalt in een waardeketen, laat zien dat de traditionele uitgever een cruciale positie inneemt in de productie van literatuur. De trend van Selfpublishing lijkt de positie van de uitgeverij echter ter discussie te stellen. Hij merkt op dat Selfpublishing als gevolg hiervan de snelst groeiende sector is binnen de boekenbranche. Dit heeft volgens Godine invloed op de rol van de uitgever. Ook Carolan en Evain die recente ontwikkelingen van Selfpublishing en invloed hiervan op de uitgeversbranche onderzoeken, beweren dat het uitgeven in eigen beheer steeds populairder wordt. Circa 80% van de nieuwe boekreleases komt volgens hen van uitgevers in eigen beheer en kleine onafhankelijke uitgeverijen. Daarnaast, zo beweren de auteurs, is de houdbaarheid van titels, dat wil zeggen de periode waarin ze kans maken om daadwerkelijk een publiek te bereiken, ingekrompen van gemiddeld zes maanden naar zes weken. Deze ontwikkeling heeft ertoe geleid dat de productie van titels een stijgende tendens vertoont. Carolan en Evain beweren dat zowel het traditionele uitgeven als het uitgeven in eigen beheer gekenmerkt wordt door innovatie. Als antwoord op de veranderingen binnen de uitgeverbranche ontwikkelen spelers nieuwe modellen die het naast elkaar bestaan van uiteenlopende vormen van uitgeven toelaten. Dit heeft volgens de onderzoekers een positief effect op de uitgeverssector omdat het leidt tot een stijgende segmentatie van de markt. Een punt van aandacht in dit essay betreft de kwaliteit van boeken uitgegeven in eigen beheer. Het uitgeversproces wordt meestal gekenmerkt met het scheppen van content en wordt dit gevolgd door de acquisitie ervan. In deze fase doen auteurs, agenten en uitgevers zaken met elkaar. De traditionele uitgeverij heeft als belangrijke functie de verwerving van content hetgeen domweg betekent: het kopen van rechten. Een belangrijke vraag is hoe de inhoud bij de uitgeverij terecht komt. Hier bestaan er verschillende strategieën voor. Uitgeverijen worden doorgaans bedolven onder ongevraagde manuscripten. Dit geldt misschien in mindere mate voor de singel-uitgeverijen waar je enkel na screening via hun eigen literaire wasstraatje binnen zou mogen. Ik heb het over de Querido academie waarvoor je na een schriftelijke toetsing tot toelating heel wat geld mag neertellen om bij hun gezelschap te mogen worden ingelijfd. Afgezien van deze selectieve beslotenheid is het doorgaans de taak van de uitgever om de ontvangen manuscripten te beoordelen en te beslissen of ze al dan niet de potentie hebben om op de boekenmarkt enig succes te garanderen. Vaak maken vooral beginnende auteurs gebruik van de diensten van een literair agent die de rechten van het ruwe materiaal vervolgens verkoopt aan een uitgeverij (John B.Thompson, Merchants of Culture. The Publishing Business in the Twenty-First Century) Aan de andere kant zet ook de uitgever zich in om actief op zoek te gaan naar materiaal en nieuwe auteurs. Volgens Thompson maken in het bijzonder kleine uitgeverijen vaak gebruik van deze methode, omdat ze in het algemeen over minder sociaal kapitaal zouden beschikken waardoor ze er niet op kunnen vertrouwen dat agenten hen van materiaal voorzien. Hier zijn er weer uiteenlopende mogelijkheden om talentvolle schrijvers te scouten, zoals literatuurfestivals, boekenbeurzen en literaire tijdschriften. Het kan ook gebeuren dat de uitgeverij al een duidelijk idee heeft van de inhoud die ze wil acquireren en op zoek gaat naar schrijvers die hier invulling aan kunnen geven. Ineen dergelijk geval is het meestal de agent die ervoor zorgt dat de schrijver die hier het best voor geschikt is terecht komt bij de uitgeverij. Na deze fase ontwikkelt de uitgever, meestal in samenwerking met de schrijver, het ontwerp verder. Dit omvat voornamelijk het herhaaldelijk lezen en redigeren van het materiaal. Deze vorm van kwaliteitscontrole is een essentieel onderdeel in de productie van literatuur. Er zijn maar enkele Surinaamse schrijvers die van deze zorg en begeleiding gebruik hebben mogen maken tegenover het overgrote deel dat overgeleverd is aan selfpublishing. De stappen die volgen, te weten eindredactie, coverdesign, en correctie worden of door experts binnen de uitgeverij uitgevoerd of, in sommige gevallen, uitbesteed aan externe freelancers. Andere activiteiten zoals zetwerk, drukken en inbinden worden meestal uitgevoerd door externe bedrijven. Het afgewerkt product wordt vervolgens verspreid en verkocht aan groothandelaars of direct aan boekenwinkels gepromoot door de uitgeverij. Elke speler voegt op verschillende niveaus waarde toe en hierdoor draagt hij/zij bij aan de productie van literatuur. Terwijl in de theorie over het literaire veld onderscheid wordt gemaakt tussen materiële productie, distributie en symbolische productie van literatuur, bestudeer ik met behulp van Thompsons waardeketen alleen de materiële productie en distributie van boeken. De productie van symbolische waarde blijft in dit essay grotendeels buiten beschouwing. Deze omvatten volgens Thompson de acquisitie, selectie en ontwikkeling van content, het bewerkstelligen van de kwaliteit daarvan en de voorfinanciering van de productie. Andere functies die de uitgeverij verwezenlijkt en die beslissend deel uitmaken van het proces van uitgeven zijn coördinatie en management alsmede marketing. De acquisitie en selectie van het materiaal beschrijft Thompson als de kerntaak van een uitgeverij. Hierbij neemt de uitgever de rol op zich van een poortwachter die kwalitatief mindere manuscripten afkeurt of de content met marktpotentie verder ontwikkelt en uitbrengt. Bij de selectie van content speelt niet alleen de kwaliteit van het ingediende materiaal een rol maar ook de aard. Iedere uitgeverij heeft immers een fonds dat diens identiteit vormt. Dit is wat Thompson building noemt. Er zijn bijvoorbeeld uitgeverijen die hoofdzakelijk kinder- en jeugdliteratuur uitgeven, andere hebben zich gespecialiseerd in non-fictie, en weer andere houden zich voornamelijk bezig met de publicatie van literaire fictie. Het fonds van een uitgeverij is daarnaast deel van strategische (economische) overwegingen.

Sommige uitgeverijen nemen afzonderlijke titels op in hun fonds met uiteenlopende binnen- en buitenlandse auteurs. Dit wordt door Thompson frontlist publishing genoemd. Het succes van dit beleid is erop gebaseerd dat het fonds divers is opgesteld, variërend van big books, de titels waarvan de uitgever verwacht dat ze potentie hebben om bestsellers te worden, small books, die wellicht minder winst opleveren maar voor variatie zorgen, en daarnaast een aantal titels dat nodig is. Een andere strategie houdt het bouwen aan auteursoeuvres in. Dit komt ongeveer overeen met wat Thompson backlist publishing noemt. Backlist publishing betekent in feite het herdrukken va al gepubliceerde titels met een blijvende navraag. Beide strategieën hebben voor- en nadelen. Terwijl frontlist publishing van natuur riskant is, is backlist publishing een langdurig proces dat veel tijd kost. Aan de andere kant is backlistpublishing volgens Thompson op lange termijn duurzamer. Wanneer er een lijst met een aantal backlist-titels is opgebouwd, dan zijn de belangrijkste investeringen al gemaakt en zijn de inkomsten voorzienbaar en stabiel. de productie van literatuur uiteraard geld. De uitgeverij neemt het financiële risico voor haar eigen rekening met het doel om een winstgevende investering te doen. Dit betreft de voorfinanciering van de gehele productie, zoals het betalen van voorschotten voor auteurs en externe dienstverleners, maar ook kosten voor acquisitie en ontwikkeling (David R.Godine, "The role and future of the traditional book publisher," Publishing Research Quarterly). De traditionele uitgeverij draagt de verantwoordelijkheid voor het management en de coördinatie gedurende het productieproces. Dit houdt een aantal activiteiten in zoals de coördinatie en delegatie van taken aan freelancers, maar ook het exploiteren van nevenrechten. Het laatstgenoemde heeft betrekking op licentie-uitgaven (uitgave als hardcover, paperback, pocket of speciale edities),vertaalrechten, en daarnaast rechten ter bewerking voor andere media zoals film, televisie en toneel. Het blijkt dat de traditionele uitgeverij een onmisbare speler is als het gaat om de productie van literatuur. Een andere speler waar volgens de onderzoekers als Van Rees en Dorleijn geen rekening wordt gehouden is de literair agent. Childress betoogt dat de opkomst van literaire agentschappen ertoe heeft geleid dat de rol van de uitgeverij is veranderd. Childress onderzocht de veranderingen in de uitgeversbranche in de context van digitaal uitgeven. Hierbij richt hij zijn blik niet op technologische veranderingen, maar analyseert hij aan de hand van Bourdieu's theorie de sociologische structuren in het uitgeversveld. Childress beargumenteert dat de uitgeverij zijn exclusievestatus als poortwachter verliest.Dit omdat de activiteiten van bijkomende spelers inhet veld deels overlappen met die van de traditionele uitgeverij(Clayton C. Childress,"Evolutions in the Literary Field: The Co-Constitutive Forces of

Institutions, Cognitions and Networks," Historical Social Research) Zoals gezegddoelt Childress hier met name op de opkomst van de literair agent aan het eind van de jaren zestig. Volgens Childress wordt de agent sinds de jaren tachtig steeds meer een expert in taken zoals kwaliteitscontrole en redactie die vroeger voornamelijk door de uitgever werden uitgevoerd. Het literaire veld in de afgelopen decennia aanzienlijk veranderd. Conform het betoog van Thompson is de kwaliteitscontrole volgens Carolan en Evain een van de belangrijkste functies van de traditionele uitgeverij. Selfpublishers beschikken in de meeste gevallen echter niet over de middelen om een redacteur of corrector te financieren. Derhalve beperkt de kwaliteitscontrole van zelf uitgegeven titels zich in het algemeen tot de inzet van kennissen en familie, met het gevolg dat de kwaliteit van deze titels minder is dan de titels uitgegeven via traditionele uitgeverijen. Zoals de auteurs beargumenteren, leunt het verdienmodel van de meeste zelf uitgegeven boeken echter op de lage prijzen. Hierdoor stijgt de bereidheid van lezers om het risico te lopen een mogelijk slecht boek te kopen. Aan de andere kant beweert Camacho dat de waarden die de uitgever toevoegt aan het proces van uitgeven, cruciaal zijn voor een duurzaam auteurschap. Daarbij stelt hij dat het voor debutanten raadzamer is om uit te geven via een traditionele uitgeverij in plaats van in eigen beheer. Hoewel het uitgeven in eigen beheer ook voordelen heeft, zoals de snelheid waarmee een boek op de markt komt, heeft Selfpublishing volgens Camacho drie wezenlijke nadelen: beperkte promotie, beperkte markt, en beperkte redactie. Aan de andere kant kent het uitgeven via een traditionele uitgeverij twee barrières:het zoeken van een agent en de toegang tot een uitgeverij. Auteurs die hun werken via een traditionele uitgeverij publiceren hebben volgens hem niettemin meer potentiële voordelen dan auteurs die uitgeven in eigen beheer. (Simon Carolan, Christine Evain, Self-Publishing: Opportunities and Threats in a New Age of Mass Culture). Camacho kijkt echter alleen naar uitgevers in eigen beheer die hun titel direct, dat wil zeggen zonder een bemiddelaar zoals een Selfpublishing-platform en enkel als e-book op de markt brengen. Er is nochtans ook een groep die gebruik maakt van bemiddelaars zoals Selfpublishing-platforms, waardoor de nadelen die Camacho aanhaalt, namelijk beperkte promotie, markt en redactie, mogelijk minder zwaar wegen. Afgezien hiervan groeit de markt voor titels uitgegeven in eigen beheer, wat naar mijn idee het betoog van Camacho ontkracht. Baverstock en Steinitz beargumenteren dat Indië-auteurs welover voldoende kennis beschikken om hun titels zelf uit te geven. Via een vragenlijst ondervroegen zij uitgevers in eigen beheer naar hun motivaties en sociale achtergrond alsmede hun tevredenheid met de uitkomsten omtrent hun in eigen beheer uitgegeven titels. Ze komen tot de conclusie dat Indië auteurs vaak hoog opgeleid zijn en goede inzichten hebben in het proces van uitgeven. Daarnaast hebben uitgevers in eigen beheer volgens de onderzoekers in het algemeen positieve ervaringen opgedaan met deze vorm van uitgeven. Het groeiende aantal uitgevers in eigen beheer zal volgens hen de traditionele uitgeversbranche onder druk zetten om zich aan te passen en nieuwe modellen te ontwikkelen(Alision Baverstock, Jackie Steinitz,"Who are the self-publishers?"Learned Publishing) Positief aan deze studie is de diversiteit ten aanzien de professionaliteit van de deelnemende uitgevers in eigen beheer. Het onderzoek houdt namelijk rekening met Indië auteurs die titels zowel enkel in eigen beheer hebben uitgegeven alsmede met auteurs die daarnaast ook al titels via een traditionele uitgeverij hebben gepubliceerd. Aan de andere kant zijn de resultaten op grond van een responspercentage van 28% en het totaal van 120 responses maar beperkt representatief. Uit het onderzoek komt verder nauwelijks naar voren of de geënquêteerde auteurs gebruik hebben gemaakt van dienstverleningen zoals redacteuren coverdesigners of Selfpublishing-platforms. Tot slot wordt mijns inziens niet voldoende gedifferentieerd wat betreft het concept van tevredenheid'. Derhalve lijkt niet duidelijk welke aspecten van uitgeven in eigen beheer de auteurs als positief beoordeelden. De vraag die blijft is of de positieve ervaring van de gevraagde Indië-auteurs zich beroept op het proces van uitgeven, op het feedback van lezers en andere spelers die waarde toekennen, of op de verkoopcijfersen de gegenereerde royalty's. Juist het laatste aspect,namelijk de tevredenheid van uitgevers in eigen beheer is naar mijn mening relevant om te evalueren of Selfpublishing een uitgeefmodel voor de toekomst is.

Hoofdstuk II

Wat is Surinaamse literatuur?

De vraag wat men onder Surinaamse literatuur moet verstaan, is in de bestaande publicaties over dit onderwerp onbeantwoord gebleven, althans niet expliciet gedefinieerd en/of omschreven. Daarin wordt luchtigjes uitgeweid over de portfolio van de schrijvers en dichters, over hun voorkeuren en prestaties tijdens hun literaire escapades en wat dies meer zij, maar nergens tref je een uitgewerkte literair-analytische interpretatie van hun pennenvruchten. Hierdoor is de mythe van schrijvers en dichters uit de Surinaamse gemeenschap in zowel Nederland als in Suriname neergezet als een onbeweeglijke projectie van een 'fata morgana', c.q. de hang naar de imaginaire roem die misschien nooit komen zal. De zorgvuldigheid gebiedt om een tweedeling te maken indien er uitleg moet worden gegeven van wat Surinaamse literatuur is. De categorie literatoren die gevormd en klaargestoomd is voor het literaire ambacht verschilt van die in Nederland. Het enige dat die twee literatuurstromingen met elkaar gemeen hebben is dat een ieder vrijelijk met een al dan niet voltooid geredigeerd manuscript naar een drukkerij toe kan stappen om vervolgens een officieel boekwerk het levenslicht te doen aanschouwen. Verder zijn er in Nederland allerlei platforms w.o. manuscriptenbeoordelaars en literaire workshops die auteurs handzame instructies kunnen aanreiken om een goed gelukt literair product uit de pen te wringen. Niet zelden worden de workshops geleid door schrijvers die op enigerlei wijze hun sporen hebben verdiend binnen de Nederlandse letteren; hierbij rijst onmiddellijk de vraag of betrokkenen hun schrijftechnieken niet aan hun belangstellenden aan het opdringen zijn. In Suriname bestaan er sinds kort ook zulke platforms die qua deskundige begeleiding te kwalificeren zijn met de spreekwoordelijke uitdrukking: 'de lamme leidt de blinde'. Voor het overige verwijs ik naar wat u in dit essay aantreft onder de kop:Bevoegde criticus. Een tweede misschien wat minder zwaarwegende overeenkomst tussen Surinaamse literatoren en hun collega's in Nederland betreft de vrijheid van verwoorden. Tot collega's reken ik dan niet uitsluitend Surinaams-Nederlandse literatoren maar ook de collega's van Hollandse komaf en zij die afkomstig zijn uit andere etnische culturen maar in Nederland wonen. Allebei de samenlevingen hanteren de impliciete restrictie die wordt aangeduid met het begrip 'politiek incorrect' en waar een ieder hoogstwillekeurig zijn eigen invulling aan pleegt te geven. Er bestaat bijvoorbeeld geen lineaire correlatie tussen de verruwing van allebei de samenlevingen en de lijzigheid die men in het schrijfproces voorstaat. In Suriname zijn daar nooit discussieplatforms over geweest terwijl in Nederland het literair(e) tijdschrift De Gids een themanummer wijdde aan het onderwerp 'straatrumoer in de Nederlandse roman'. Hierin werd hoogleraar Ton Anbeek die tijdens diens aanwezigheid als writer in residence in de VS had beweerd dat de Nederlandse roman geen straatrumoer zou kennen, even de oren gewassen. Anbeek werd omringd door vele auteurs die hem als een zwerm op drift geraakte sprinkhanen aanvielen. Volgens hem zou de Nederlandse roman gebukt en gebogen lopen onder de druk van de heersende Hollandse traditie om zich hyperventilerend vast te klampen aan clichématige thema's als liefdesverdriet, echtscheidingen, het afschrijven van perikelen uit de jeugd, naweeën uit de Tweede Wereldoorlog en het jappenkamp etc. Nadat de storm was gaan liggen bleek het gebaar van Anbeek inderdaad niet waarschuwend genoeg te zijn geweest met als gevolg dat men na dit hete-stoom-afblaas-ritueel vrolijk en vlijtig doorging met koken volgens het klassieke Hollandse grootmoedersrecept. De laatste jaren is er wel een opmars zichtbaar onder opkomende Nederlandse schrijvers die helemaal over andere samenlevingen zijn gaan schrijven alsof ze ooit eerst Nederlanders waren geweest en daarna een andere culturele identiteit hebben aangenomen. Voor Surinaamse schrijvers en dichters zou het erop neerkomen dat zij het eigen werk eerst zouden moeten laten aanschouwen door de ogen van een vakgenoot en eerst daarna zouden moeten onthullen wat men zelf geschapen heeft. Ten gevolge van deze 'apraxie' lijkt de vernietiging van de zeggingsbevoegdheid een wegvallen van één van haar structuren: de fijnste en meest zichtbare. En als literatuur tegen het decor van voornoemde restrictie nooit iets anders mag zijn dan het geprivilegieerde werktuig van een bepaald gezag, dan is het geen volwaardige literatuur.

Nieuwe gloed gewenst

Men leest bijvoorbeeld graag Louis-Ferdinand Céline maar zit niet te wachten op een Céline van eigen bodem omdat het dan meteen om corrumperende literatuur zal gaan die zou kunnen botsen met de heersende moraliteit. Hierbij rijst de vraag: in welk literair ambacht heeft men zich gestort en waarom dit ambacht noodzakelijk is om het uit te voeren.Dat doet de vraag rijzen naar het soort literair ambacht en de noodzakelijkheid ervan.? Waarom mogen de woorden zich niet in vrijheid organiseren, en waarom mogen zij zich niet uitkristalliseren in zinnen die hun ijzige gloed over de wereld verspreiden? Uitgaande van een dergelijke drijfveer mogen we aannemen dat ze een bepaalde kant van Suriname willen onthullen. Welke veranderingen willen Surinaamse auteurs en dichters door die onthulling doen bewerkstelligen? De op deze wijze geëngageerde Surinaamse schrijver/dichter weet dat zijn gebezigde woord een handeling is: hij weet dat onthullen veranderen meebrengt en dat men niets anders kan onthullen dan het koesteren van de onmogelijke droom om een onpartijdig beeld van de maatschappij en van het mensdom te geven. De

Surinaamse literator kan slechts recht doen aan zijn werk door de interesse van de lezer als iets wezenlijks bij zijn eigen werk te betrekken. Het schrijven is bij betrokkene dus een beroep doen op de lezer middels het plaatsen van zijn taalbouwwerk in een objectief perspectief. Het boek is voor de auteur hetzelfde als een stuk gereedschap, een instrument tot een bepaald doel: het werpt zichzelf als doel op aan de vrije acceptatie en waardering door de lezer. Zij houdt immers in dat het esthetische object alleen maar het uiterlijk heeft van finaliteit en zich beperkt tot het uitlokken van het vrije en geordende spel der verbeelding. Hierdoor rijst de in het oog springende vraag of de Surinaamse literator op een lezersgroep kan bogen. Het antwoord is enerzijds deels bevestigend en anderzijds geheel ontkennend. Waarom deels bevestigend en in contrast daarmee geheel ontkennend? Eerst het geheel bevestigende gedeelte. Zelfs in een in materieel opzicht welvarend land als Nederland hebben diverse Surinaamse periodieken vergeefs getracht een gat in de markt aan te boren om na een aantal edities het loodje te leggen. Als reden gaven de bladenuitgevers zelf aan dat Surinamers niet van lezen zouden houden en dat als één zich een exemplaar van hun periodiek aanschafte de desbetreffende koop binnen een heel familiesegment zou circuleren. Schrijver en essayist Anil Ramdas (1958-2012)illustreert dit goed. Zelf had hij een groter lezerspotentieel onder de autochtone bevolkingsgroep dan onder de Surinamers zelf. Dit lezersbereik had hij overigens uitsluitend te danken aan zijn functie als columnist bij de NRC en aan zijn radio- en televisieprogramma's. Ten aanzien van het deels bevestigende aspect is de leestraditie onder de Surinaamse gemeenschap erg langs etnische kanalen geëvolueerd. Er zijn etnische groepen binnen de Surinaamse gemeenschap die zich helemaal hebben overgeleverd aan de culturele hegemonie van Nederland met de daaraan verbonden kansen en mogelijkheden. Wel hebben ze voor hun loyaliteit nooit iets als een eerbetoon mogen tegemoet zien. Vervolgens zijn er etnische groepen die zich, vanwege de culturele welvarendheid en uitdaging die men vanuit de landen waar hun voorouders vandaan kwamen, toegeworpen hebben gekregen eerder op die landen zijn gaan richten dan op Nederlandstalige literatuur. In het schoolprogramma was die wel verplicht en deed men er even aan mee om de vereiste voldoende binnen te halen. Zelfs schrijvers uit die adoptielanden zijn bij hen beter bekend dan die uit eigen bodem. Anil Ramdas begon op een gegeven moment opportuun schrijvers van islamitische afkomst naar zijn praatprogramma uit te nodigen, kennelijk met als nobel doel om via hen Nederlands-Islamitische lezers te stimuleren. Reken maar: een niet te verwaarlozen lezerspotentieel waar zelfs gerenommeerde Nederlandse literaire uitgeverijen rekening mee zijn gaan houden. Paul Sebes

(°Dordrecht, 1965), de de succesvolste literaire agent, liet zich publiekelijk ontvallen dat Nederlandse uitgeverijen de voorkeur zouden geven aan auteurs van Noord-Afrikaanse afkomst. Hiermee is de geest uit de fles en geef ik Ramdas volkomen gelijk om voor zijn lezenswaardig oeuvre een beter tehuis te vinden. behalve wanneer er heel wat mediaspel omheen zou komen kijken. Nederlandse literaire tijdschriften hebben om een specialistische doelgroep te bereiken een heel belangrijke taak te vervullen en zijn zeer voorzichtig met opname van aangeboden werk van bijvoorbeeld Surinaamse inzenders. Die zouden in uitzonderlijke gevallen het best in een themanummer kunnen worden ondergebracht. Naast deze emotionele restrictie speelt nog de commercie een rol. De meeste in Nederland verschijnende literaire tijdschriften worden infuusmatig in leven gehouden. Het oudste, van 1837 daterende literaire tijdschrift De Gids bijvoorbeeld is steeds van literair verpleegtehuis veranderd (Meulenhoff, Balans, De Arbeiderspers, De Bezige Bij etc.) tot het in de luwe warmte van de pH-rijke oksel van De Groene Amsterdammer rust heeft kunnen vinden. Het tijdschrijft Raster moest ondanks haar veelbelovende formule het loodje leggen terwijl Tirade, Hollands Maandblad en een paar nieuwe bijgekomen literaire tijdschriften zich uitsluitend in gesubsidieerde thermogene kousen kunnen voortbewegen. Onbegrijpelijk dat deze tijdschriften zonder leesvolk nog steeds in stand worden gehouden .

Is het een vorm van nostalgie of dient het als privépodium voor een selecte groep die zich graag als redactieteam wenst te profileren? Ook in dit opzicht zie ik een verbluffende overeenkomst tussen Suriname en Nederland. In Suriname bestonden de literaire tijdschriften Soela, Moetété, Kolibrie, Bro etc. die na een paar protserige uitgaven van de radar verdwenen. In tegenstelling tot Nederland zat Suriname altijd verlegen met een bekwaam redactiepotentieel. Hierdoor waren de bladen geheel pretentieloos en publiceerde men alles wat men aan kopij geoffreerd aangeboden kreeg van lui die men toevallig kende; sterke en bijgevolg niet te negeren literaire kwaliteit speelde niet mee. Desalniettemin waag ik de uitspraak dat zowel in Suriname als in Nederland de zogeheten kwaliteitscriteria een van de valstrikken zijn van een onechte objectiviteit waar schrijvers blindelings in lopen. In beide landen sporen bij beoordeling de kwaliteitscriteria slechts met een bittere ervaring om tot een autonome beslissing te komen. Na het opmaken van een balans pogen we de aard van de Surinaamse literatuur te definiëren. Onder Surinaamse literatuur zou het best kunnen worden verstaan literatuur die voortgebracht is door schrijvers, ongeacht hun afkomst en origine, waarin enige entiteit uit de sociografie van Suriname aanwijsbaar is. Hier kan terecht de opmerking worden geplaatst of er sprake is van een Surinaamse literatuur indien er vanwege de betwiste natiekwestie geen sprake kan zijn van

Surinaamse schrijvers. Als er vanuit een satellietperspectief op Suriname wordt ingezoomd dan is elke publicatie op welk terrein dan ook Surinaamse literatuur. Zelfs een boek over Surinaamse schrijvers, wonende in Suriname en/of daar gewoond hebbende óf op enigerlei wijze verwant aan de Surinaamse gemeenschap, valt onder de Surinaamse literatuur. Maar een Surinaamse schrijver op zich laat zich moeilijk definiëren omdat die als natuurlijke persoon belooft deel uit te maken van een natie die er niet is op grond van de kenmerken van de natietheorie. Men mag het hebben over een Surinaams-Indiaanse schrijver, een Surinaams-Joodse schrijver, een Surinaams-Nederlandse schrijver, een Surinaams-Chinese schrijver, een Surinaams-Guyanese schrijver etc. maar niet over een Surinaamse schrijver? Deze 'herverkaveling' van Surinaamse literatoren die voornoemde grillige omschrijving doet rechtvaardigen, toont hoe dan ook aan dat de differentiatie geen afbreuk doet aan wat van oudsher werd aangenomen maar dat die gezien kan worden als een begoocheling, voortvloeiende uit een klassieke verbeelding.

Hoofsdstuk III

Over drie toonaangevende Surinaamse schrijvers en een dichter

Edgar Cairo, geboren in 1948 in Paramaribo stamde zoals hij dat zelf met trots beschreef, uit een geslacht van negers uit het district Para. in 1968 slaagde hij voor de Algemene Middelbare School en vertrok naar Amsterdam om er Nederlands en Algemene Literatuurwetenschap te studeren. Hierbij moet worden opgemerkt dat het feit dat Cairo als Surinamer van negroïde afkomst op universitair niveau Nederlandse taal mocht gaan studeren, een voetnoot behoeft. Toen Willem Frederik Hermans ergens in 1969 een gesubsidieerde reis naar Suriname maakte, schreef hij daarna in zijn reisverslag "de laatste rest, tropisch Nederland ", het volgende. Volgens zijn constatering zouden leerkrachten Nederlands van Creoolse /negroïde afkomst leerlingen van Hindoestaanse origine met opzet een onvoldoende voor het vak Nederlands opwrijven waarin zij gevolgd werden door de stomme leerkrachten van Nederlandse komaf zoals hij beschreef. Hierdoor kwam het haast nooit voor dat een Hindoestaan rechtsreeks in Nederland tot de faculteit voor neerlandistiek toestroomde maar vanuit Nederland zelf nadat die een poos hier had gestudeerd en zich bevrijd voelde van de Creoolse ontmoediging. Terugkerend naar Cairo: Op het moment dat hij vanuit het vliegtuig naar beneden tuurde zag hij vanuit het klein raampje hoe het diepgroene oerwoud op schaal kleiner werd en minder geheimzinnig ingebed lag tussen de brede grommende rivieren die op bruine strepen leken. Terwijl hij alle douanecontroles aan het overleven was, was simultaan ook zijn prozadebuut Temekoe (Kopzorg) bij een Surinaamse uitgeverij door de pers gehaald. Zijn verhaal draaide om de liefde van een vader voor zijn zoon, liefde die van de ene op de andere dag omslaat in wanbegrip, zonder dat de oorzaak helder werd. Het relaas zou bijna iets weg kunnen hebben van de roman "karakter" van F. Bordewijk. Het wanbegrip dat de vader in zijn jeugd ondervond, ziet hij later terugkomen in zijn relatie tot zíjn zoon. Als mens moet je de wortels gaan zoeken in de geschiedenis en van daaruit verbindingslijnen gaan trekken naar het heden. Dit vertrekpunt zal later in tal van werken van Cairo als leidraad dienen. Blijkens geschriften zou de bevolking in het district Para er nog veel van de oude Afro-Surinaamse cultuur hebben weten te conserveren en een Sranantongo , het voormalige neger-engels, spreken dat niet aangetast zou zijn door de sterke invloeden van de overige in zwang zijnde talen in de Surinaamse gemeenschap. Doordat Suriname een Nederlandse kolonie was , kon de Nederlandse taal zich daardoor gemakkelijk door de labyrinten aan culturele talen in Suriname succesvol een weg banen naar de top en op den duur eindigen als een autonome, gerespecteerde taal. Men had zoiets van: het erkennen van één van de lokale talen van Suriname zou onverwijld met zich meebrengen de erkenning van de eraan gelieerde etnische groep . En dat zag men niet graag gebeuren ook al is dat de Surinaamse bevolking op den duur toch overkomen doordat het Negerengels, de zogeheten Sranantongo als de enige echte Surinaamse taal het authentieke gezicht van Suriname moest helpen bepalen. Zoals historicus André loor schreef zou het Nederlands in Suriname al sinds 1876 met de harde hand het onderwijs zijn ingeramd. Suriname had zelfs veel eerder een algemene leerplicht dan Nederland! De vraag rijst of deze situatie een desastreus effect had gesorteerd op het zelfvertrouwen van de mensen in het hanteren van hun eigen volkstalen. Het antwoord moet ontkennend zijn want zoals ik in mijn essay "De Surinamer bestaat niet " heb verwoord lijdt de gemiddelde Surinamer aan een cultiveringsdrang waardoor die elk Westers stijlmiddel gretig aangrijpt om zich ermee boven een andere te kunnen verheffen. De eigen culturele attributen gebruiken ze enkel uit gewoonte, niet eens uit een vorm van drang.

Cairo als her-verkavelaar Nederlands taalgebied

Edgar Cairo probeerde ook als literairpolitiek strateeg het Nederlandse taalgebied te herverkavelen. Zijn grootste probleem was dat hij de tijdgeest niet mee had. Hij timmerde aan de weg toen er nog een duidelijk onderscheid werd gemaakt tussen de spreeken de schrijftaal, tussen de straattaal en het algemeen beschaafd Nederlands , tussen lectuur en literatuur, tussen leesvoer voor gewone lezers en voor intelligentsia etc. Desalniettemin probeerde Cairo als neger, welk menssoort doorgaans in Nederlandse leer- en leesboeken als een naïef, onbetrouwbaar en ignorant schepsel was neergezet ,zich een weg te banen door deze van vele detectiepunten voorziene beslotenheid. Dat wat Nederlandse critici inclusief de zogeheten Surinamisten niet doorzagen was dat Cairo's ijver een dubbele bodem als motivatie had: vanuit Suriname al had hij twee obsessieve kwaliteiten n.l. die van de onderdrukte neger in de wereld en die van de superieure neger in eigen land. Getalsmatig zouden de meeste Creolen in Suriname met deze dubbele identiteit worstelen. De Creoolse bevolking was zoals socioloog Ruben Gowricharan, politicoloog Chan Choennie en vele andere Hindoestaanse auteurs hadden gepubliceerd, in een vroeg stadium het slachtoffer van de Nederlandse kersteningsdrift . Hierdoor was deze etnische groep in het multi-etnische Suriname als eerste vertrouwd geraakt met de taal van de kolonisator en ook met diens culturele eigenheid d.w.z. behalve met Jan Klaassen en Catrijn , maar ook met de sinterklaas geflankeerd door zijn zwarte Piet. Al gauw moesten hun poëtische Afrikaanse namen als Wale Olumid , Chika Okoro, Udoka Osadebe etc. wijken voor makkelijk spelbare Nederlandse namen zoals Julian With, Landvreugd, Hélen Kamperveen, Frank

Rijkaard, Rudy Polanen, Henk ten Cate etc. Met deze verworvenheid begon de Creoolse bevolkingsgroep zich minzaam op te stellen tegenover de overige etnische landgenoten en bij verzet schroomde men vooral niet de militante inborst, die eveneens kenmerkend bleek te zijn bij het leeuwendeel van de Creolen, te etaleren om er de rest mee te intimideren. Dit gegeven ontbrak zelfs in het begrippenkader van Anil Ramdas die het over de onterechte/valse angst van Hindoestanen voor Creolen had. Een illustratief voorbeeld betreft de perikelen en revoltes ten tijde van de deliberaties over en afwikkelingen rondom de onafhankelijkheid van Suriname. Fysieke molestaties, revolutionaire dreigtaal , brandstichtingen en andere vormen van straatrumoer moesten bijdragen tot het kunnen doordrukken van de hoofdzakelijk door de Creolen fel begeerde onafhankelijkheid. Het Nederlandse televisieprogramma ZEMBLA en het letterkundig tijdschrift Maatstaf hadden deze ontwikkelingen gedetecteerd en er aandacht aan besteed. Deze ommekeer van Suriname resulteerde opeens in een massale exodus van de overige geïntimideerde Surinaamse bevolkingsgroepen, waaronder voornamelijk Hindoestanen, richting Nederland. Het opmerkelijke was dat in dit vleselijke lavastroom ook grote aantallen Creolen, die zich emotioneel alvast hadden verheugd op een opzichtig bestaan in de Bijlmermeer, dobberden ! Hierdoor was de vraag wie vóór en wie tegen de onafhankelijkheid was geweest, onder hoge druk komen te staan. Binnen deze sociale verandering is het literaire ambacht van Edgar Cairo in een veel nauwkeuriger literair perspectief te plaatsen dan wat er tot op heden aan giswerk over hem is gepubliceerd. Cairo kwam in Nederland veel meer in aanvaring met zijn eigen gemaltraiteerde ego dan met het zogeheten negerverdriet waardoor hij volgens diverse auteurs zou zijn overmand. Begrijpelijk ook: hij had terecht gehoopt dat hij als vernederlandste neger uit Suriname die in Nederland ook nog Nederlands op de universiteit kwam studeren, op handen gedragen zou worden of op z'n minst voor vol zou worden aangezien. Hij werd vanwege zijn negroïde voorkomen veel meer met de nek aangekeken dan zijn Hindoestaanse rivalen op wie hij gewoonte getrouw had leren neerkijken omdat die koelies' zouden zijn. Qua productiviteit was Cairo te vergelijken met de Nederlandse Martin 't Hart. 't Hart schreef over Hollandse huiskamer drama's en Cairo schreef over de vermeende onderdrukte en ten achtergestelde negroïde bevolkingsgroep. In één van zijn Volkskrant columns ' beschreef hij het gekissebis van een Hindoestaanse familie te Amsterdam hetgeen hij tijdens zijn literaire escapades door de Amsterdamse straten wist op te vangen. Cairo had het over de bekvechtende FAMILIE ROTI. Hiermee onthulde hij gelijktijdig dat hij , enerzijds vechtend voor de erkenning van de onderdrukking van negers door blanken , zich er ook van bewust was dat hij als neger uit Suriname zijn minzaamheid en meewarigheid jegens zijn Hindoestaanse landgenoot niet bij de afdeling: Overvracht op luchthaven Zanderij had achtergelaten! Het veelvuldig zoeken naar publiciteitsbronnen maakten van Cairo onderdeel van een streven om zijn stem te laten horen, de eigen bekendheid te vergroten en richting te geven aan discussies die zouden kunnen worden gevoerd over zijn obsessieve ongelijkheid betreffende negers. Werkend vanuit het ABN holde hij de taal van de kolonisator uit om die te vullen met specifieke Surinaamse taaleigenheid en de Surinaamse connotatie. Zoals ik hierboven al beschreef had Cairo de tijdgeest niet mee om de Nederlander te bedelven onder zijn idiolectisch manierisme. Hij werd daardoor gezien als een taaljunk die heel aanmatigend en onversaagd, ostentatief liep te gillen. Het was een periode toen taalvondsten in de NRC bijvoorbeeld in het Van Dalen woordenboek met bronvermelding werden geciteerd. Hoe haalde Cairo het in zijn blote bol om ervan uit te gaan dat hij met zijn archaïsch taalkraampje zich een plek zou kunnen veroveren tussen al de statige Hollandse taal-establishments? Die taalijver probeerde hij te venten op de Nederlandse literaire markt maar toen hij merkte dat er weinig animo voor bestond , goot hij wat water bij de wijn en boog hij zijn taalinstrument om in de richting van een meer toegankelijk Nederlands. Cairo nam constant het begrip Surinaams-Nederlands in de mond terwijl een Nederlands met typische Surinaamse trekken nooit echt bestaan heeft. Je had er het Algemeen Beschaafd Nederlands dat een normaal draagvlak had en diverse varianten van het Nederlands zoals het door iedere etnische groep apart werd gebezigd. Deze varianten in het Nederlands hebben nergens vaste wortels kunnen schieten waardoor ze gezien zouden kunnen worden als en uitgebouwd konden worden tot volwaardige Nederlandstalige dialecten van Suriname. Het ABN kreeg men onderwezen via de reguliere educatieve instellingen en sprak elke etnische groep thuis de eigen culturele taal. Hierdoor was er in Suriname nooit een basis voor de ontkieming van een volwaardig Nederlands met typische Surinaamse karaktertrekken, namelijk een Surinaams-Nederlands. Zo kan een ieder middels de gebrekkige beheersing van een taal, de gebreken gebruikend als taalfundament, die verder uitbouwen tot een volwaardig dialect en er gelijk erkenning voor opeisen omdat er een draagvlak voor zou zijn. Cairo Zelf omschreef zijn variant van het Neder lands als 'gecreoliseerd Neder lands, inheems Neder lands'. Hopelijk was Cairo, als hij nog leefde, erin geslaagd om een keer linguïstisch aan te tonen dat Suriname in het bezit zou zijn van een gecreoliseerde variant van het Nederlands. Toegegeven dat Surinaamse negers bij het spreken van vooral het Nederlands, zich per individu bedienen van allerlei modieuze lexicale trendsetters hetgeen nog steeds geen borg is voor de legitimatie van een Creools Nederlands.

Cairo als literaire criticus

Een ander onderdeel t.a.v. Edgar Cairo waar ik uitgebreid op in wil gaan behelst de poging die hij waagde om vanuit zijn gelegenheidsfunctie als literaire criticus, kritische kanttekeningen te plaatsen bij de werken van collega-schrijvers in zijn boek "Ik ga dood om jullie hoofd " . De eerlijkheid gebiedt mij bij lezing van dit boekwerk op te merken dat het mij niet helemaal duidelijk is wat het literaire principe van Cairo exact inhield en vanuit welk literair beginsel hij op zijn collega auteurs afstapte. Zelfs zijn emotioneel beladen beschrijving van de door hem begeerde dichter Trefossa lijdt aan een enorme melaatse kreupelheid. Ik blijf maar gissen wat hij als vertrekpunt voor zijn literaire kritiek die qua diepgang net iets meer in zich herbergt dan een advertentie in een lokale Surinaamse krant, gekozen zal hebben. Is het realisme? Dit is het soort literaire kunst waarvan de makers zo nauwkeurig mogelijk hebben gezegd wat ze wilden zeggen. Er is geen objectieve waarheid die sommige schrijvers onder ogen zouden willen zien en andere weer niet. In zijn ritmisch bruisende , jodelende en stormende taal zou de ware gave en kracht van Cairo aan af te lezen moeten zijn. Zijn literair kritische zienswijze getuigt van een grof-naïeve , onbehouwen bombarie-kijk. Door de meerduidigheid en het gebrek aan consistentie zijn de literatuur-kritische uitspraken van Cairo te reconstrueren als een consistent geheel waarin tussen verschillende soorten uitspraken helaas geen logisch verband bestaat. Ook is het onmogelijk zijn literair-kritische stellingnames op eenduidige wijze te verbinden met de door hem besproken literaire werken. De mate waarin en de wijze waarop ze betrekking hebben op de eigenschappen en waarde van een tekst valt niet zonder meer te bepalen. De literair-kritische praktijk van Cairo fungeert niet eens als casus bij de vraag naar de manier waarop literaire werken geanalyseerd dienen te worden. Meer specifiek vraag ik mij af of het mogelijk is na te gaan hoe zijn literaire visie voor de lezer reproduceerbaar en tot op zekere hoogte controleerbaar kan worden gemaakt . In eerste instantie zou er onderzocht moeten worden of er nog een mogelijkheid is om na te gaan hoe Cairo tot zijn waardeoordeel kwam. Hij lijkt deze optie echter uit te sluiten doordat zijn waardeoordeel geen vaste of logische grond biedt voor enig criterium. Een optreden als literaire criticus staat meestal niet op zichzelf . Men is daarnaast ook onderzoeker en speurder , werkt mee aan een literair tijdschrift, neemt zitting in jury's, kortom men maakt deel uit van verschillende literaire netwerken. Het volgen van een literaire loopbaan kan worden gezien als een lange reeks van uitspraken waarbij strategische oogmerken een belangrijke rol spelen. Activiteiten binnen de literatuur zijn te beschouwen als een investering die voor een jong en beginnend literator moet leiden tot een gerespecteerde plaats te midden van collega's en die voor de 'zittende' generatie het behoud van positie

moet bewerkstelligen(Heynders (1991:251-253).
Binnen deze optiek kan een literatuuropvatting niet
worden gereduceerd tot een geheel van normen en
waarden over de aard en functie van literatuur, maar is
het ook een instrument dat bepaalde belangen dient.
Uitspraken over auteurs, literaire werken, het culturele
erfgoed en de ontwikkeling van het taalgebied moeten
bijdragen aan het streven naar erkenning en prestige.
Termen om over literatuur te spreken, de
vergelijkingen tussen auteurs en de oordelen over
boeken zijn vaak kapstokken waaraan andere
meningen en oordelen worden opgehangen. Met de
beelden die een auteur creëert, maakt hij duidelijk
waar hij staat en met welke positie hij niet
geïdentificeerd wil worden (Goedegebuure (1987). Ten
grondslag aan mijn eigen benadering ligt de
veronderstelling dat het functioneren binnen de
literatuur sterk afhankelijk is van positionele factoren.
Behalve op positionele factoren richt ik mij in mijn
benadering eveneens op situationele aspecten. Dat wil
zeggen dat ik ook het moment waarop en de situatie
waarin er door Cairo uitspraken werden gedaan , in
beschouwing neem. Uitspraken en keuzes blijken vaak
een tijdelijk en een relatief karakter te hebben. Termen
kenmerken zich door hun open betekenis, men komt
op uitspraken terug, oordelen over auteurs worden
genuanceerd en vergelijkingen met andere auteurs
bijgesteld. De aanname dat Cairo als literairpolitiek
strateeg met succes te werk ging en dientengevolge

een groot prestige genoot, moet worden gerelativeerd. De literaire situatie binnen de Surinaamse literatuur is nooit stuurbaar of voorspelbaar geweest, er moesten voortdurend concessies worden gedaan en compromissen worden gesloten.

Clark Accord was binnen de Surinaamse gemeenschap het lichtende voorbeeld van iemand die zich schrijver mocht noemen. Hij voldeed aan de karaktertrek (= aardig gevonden kunnen worden) die aanslaat bij Surinamers en hij was een kaskraker. literaire criteria worden in die gemeenschap gezien als een entiteit die bestaat tussen de schrijver en de onmetelijke ruimte. De roman "De Koningin van Paramaribo "laat zich kenmerken door een zeurderige zedelijkheid van het hoofdpersonage, lammenadige grappigheid, kinderachtige karaktervastheid, vol-provinciaalse ostentativiteit , kortom: een ouderwetse trekschuit van een droog, dor, sukkelig en lam realisme, krakkemikkig voerend door het bekrompen kanaal van een zwak en onbekwaam taaltje , terwijl een flauwe wind van een krachteloos koud bedachte intrige de zeilen in tact moeten houden. Accord werkte blijkens de persberichten de roman eerst om tot een theaterdialoog en in vervolg daarop kwam er een muziektheaterstuk op basis van De koningin van Paramaribo. Het boek werd vertaald in het Spaans, Fins en Duits. Er moet worden erkend dat geen enkele Surinaamse schrijver een dergelijke commerciële prestatie ooit heeft kunnen leveren. Het hoofdpersonage Maxi Linder is wonderlijk teder en verrukkelijk lichtvaardig. Accord beschrijft al haar kleine dwaze dingen waardoor de zinnen niet langdurig en diep, maar wel verlokkend betoveren in exotische miniaturen . Accord is met deze roman een buitenstaander die zich niet vast heeft willen leggen op een bepaalde kunstzinnig- of literair ambacht en dit kennelijk steeds met een sceptische blik en een ironische glimlach bekeek. Hierdoor is op hem een terminologie als 'dilettant', van toepassing, een typering die in andere besprekingen van zijn werk ook ter voorschijn komt. Bij Accord was er geen sprake van vooropgezette plannen en lange-termijn-strategieën. Hij had ook niet een gedecideerde keuze en beslissing om door een inwendig mechanisme te worden aangestuurd. Het feit dat hij in zijn roman originele inzichten ventileerde, doeltreffend argumenteerde en zijn visie op een overtuigende manier wist te formuleren, staat hier niet ter discussie. Wel wil ik laten zien dat het strategische aspect een belangrijk en wezenlijk deel van zijn relaas uitmaakt. Ik pretendeer daarmee niet Accords' verhaalcompositie in al zijn facetten te kunnen doorgronden. Het literaire concept bevat nu eenmaal toevalligheden en onbegrijpelijkheden. Het gaat me er om licht te werpen op een specifieke, mijns inziens verwaarloosde kant van het opereren van Accord . Ik wil een andere en bredere visie geven op zijn functioneren binnen de literatuur dan de gebruikelijke. Maxi Linder is een lichtekooi vol blijmoedigheid en tevredenheid. Geen spoor van kinderlijk pathos, geen directe aantasting als gevolg van naïeve uitroepen over haar uiterlijk. Zij geeft juist blijk van een kalme en ordelijke genegenheid voor het bestaan. In de mijmeringen van Maxi Linder zie je als lezer hoe de uren zich wreken tijdens de inkeer van haar tot zichzelf, hoe zij zich het fiere en serene jonge-meisje in zichzelf herinnert en dat de gewaande matheid van haar van zichzelf veeleer de edelste zuiverheid moet heten. Op dit terrein neigt het proza van Accord naar de vorm van een bildungsroman. Achter het luidruchtige en ostentatieve uiterlijk van Maxi Linder verborg zich een hartstocht die diep in haar ziel wortel had geschoten. De auteur beschrijft in plastische bijzonderheden taferelen van haar seksuele escapades als prostituee. Met een griezelige helderziendheid deed Max Linder de meest trefzekere gissingen naar het volledige gamma van de seksuele verlangens waar de klanten voor uitkwamen. Volkomen emotieloos bedreef zij de liefde met verschillende mannen tegelijk zonder zich te ontkleden. Tijdens deze simultaan-affaires versmolten al de mannen voor haar tot één en dezelfde persoon. Afhankelijk van het fortuinlijke van de man in kwestie gedroeg zij zich bij de ene inventief en veeleisend en bereed zij betrokkene om hem een orgasme te bezorgen. Bij een andere weer was zij dociel en onderdanig , bijna in trance en bracht zij hem tot opwinding door hem tegen zich aan te laten wrijven. Als ze in de gaten had dat een klant stinkend rijk was gedroeg zij zich desnoods op een onbeholpen wijze onervaren en onschuldig en tantaliseerde zij hem net zo lang tot hij smeekte haar de kleren van het lijf te mogen afrukken. Vaak ging zij rechtstreeks van de ene minnaar naar de andere, op dezelfde middag of avond. Omdat seks evenals muziek sensueel en direct was zei ze tegen hen dat ze het gevoel heeft dat zij de componiste was en de mannen louter de uitvoerders van haar seksuele muziek. Geleidelijk aan putten al de mannen die een affaire met haar hadden inspiratie voor zowel hun creatieve inspanningen als voor hun seksuele fantasieën , uit haar acts alsof zij de levenskracht in hun bestaan was. In haar dagelijkse sleur zwalkte zij tussen zich kleintjes en flauwtjes voortbewegende Surinaamse seks besnuffelaars . Je leest hoe zij hun aller gewoonst taaltje spraken, zich als dronken olifanten verhieven die een lingeriewinkel waren binnengedrongen. Metaforisch waren de escapades van Maxi Linder te vergelijken met een stierengevecht: op een of andere manier figureerde de stier met zijn enorme bungelende zwarte pik als de essentie van mannelijkheid en de matador als een vrouw met amoureuze intenties: een pirouetterende koket geklede jonkvrouw die doet alsof ze op jacht is, maar die er eigenlijk naar smacht om gevangen te worden en daarom de man lokt en uitdaagt, hem bij elke avance verleidelijk langs zich heen laat strijken, haar mantel zo rood alsof hij al doordrenkt is van het bloed van haar ontmaagding, van haar doorboring door de stier. En pas als de stier ten slotte te moe is of genoeg heeft van de achtervolging, en met zijn poten onwrikbaar in het zand en zijn kop diep gebogen blijft staan, pas dan heft de matador, als een afgewezen vrouw die haar nu versmade geliefde wil bestraffen, zijn zwaard en stoot het in de kwetsbaarste plek , het hart. Dat wat de sfeer in deze roman tot iets onovertrefbaar armzalig-koddigs maakt is dat, zonder dat de schrijver zich er van bewust was, allerlei symbolische karikaturen in zijn geschrift binnen dringen en tegen hem lange neuzen zetten. Los van de enorme verkoopcijfers die een eclatante kwaliteit van deze roman moesten doen vermoeden zou die daadwerkelijk kunnen getuigen van een literair werk, opgetrokken uit een geavanceerde bouwconstructie indien Accord over enige literaire taal-en stijlmiddelen had beschikt. Zijn vertelde relaas is een opstel naar Surinaams model geworden op z'n best.

Blijkens bibliografische gegevens zou Anil Ramdas Nederlands bodem in 1976 hebben betreden en na in 1987 cum laude te zijn afgestudeerd als sociaal geograaf, een promotieonderzoek te zijn gestart bij onderzoeksmethopdoloog Abram de Swaan. Hierna stortte hij zich in de journalistiek waar hij reeds in het land van herkomst affiniteit mee scheen te hebben. Zijn pennenvruchten kon hij toen al in Surinaamse kranten kwijt die voor opiniebladen van allure konden doorgaan. In Nederland scoorde hij blijkens de bibliografische gegevens gelijk hoog door ad interim redacteur van de Groene Amsterdammer te worden, verder freelancer bij de Volkskrant en in vervolg daarop columnist van de NRC. Hij kon zich een weg banen door de mediawereld als programmamaker en presenator en presteerde zelfs zich als correspondent voor de NRC in India te vestigen alwaar hij een consumptieve metamorfose zou zijn ondergaan(= hij verruilde de Indiase Gangajal , overeenkomend met het Westerse wijwater, met Whisky). Terwijl Clark Accord op de verkoopsuccessen van zijn roman "de koningin van Paramaribo " liftte waarbij enige diepgang in zowel in de persoon van de schrijver als in diens werk ver te zoeken was, had Anil Ramdas daarentegen zijn populariteit te danken aan zijn columnistenschap bij de NRC en vooral aan zijn televisieprogramma "Het Blauwe Licht". Hij werd in tegenstelling tot Accord ingedeeld bij de intellectuelen en psychologische mijmeraars (zie de beroepsherinneraar). Zijn debuut , de essaybundel : De papegaai, de stier en de klimmende bougainville verscheen in 1992 bij De Bezige Bij. In deze bundel geeft hij er blijk van te zijn gefascineerd door literaire auteurs als V.S. Naipaul, Salman Rushdie en Stuart Hall . Niet duidelijk is of er bij Ramdas sprake is van een verregaande reproductie van opvattingen van deze auteurs en dat elk ingenomen standpunt, keuze en oordeel bij hem automatisch uit de opvattingen van deze auteurs volgden. Om vast te stellen of er sprake was van een dergelijke reproductie, oftewel om een vergelijking mogelijk te maken, is het noodzakelijk de literatuuropvatting van Ramdas als een eenduidig en consistent geheel te reconstrueren en de mate van overeenkomst c.q. verschil te bepalen. Literatuuropvattingen vertonen vaak geen logische samenhang, maar zijn met elkaar in tegenspraak en komen evenals hun betekenisaanpassingen, afhankelijk van de omstandigheden tot stand. De werken van Ramdas vormen een belangrijk item en fungeren als een kapstok waaraan zijn eigen opvattingen en ideeën zijn opgehangen. Hij is een etiket dat kan worden opgeplakt en een beeld dat kan worden toegeëigend. Het is onjuist te veronderstellen dat het succes van Ramdas volledig afhankelijk was van enige opvatting over literatuur. In deze analyse wil ik aantonen dat de interesse bij hem voor bovengenoemde auteurs in hoge mate tot stand kwam op grond van positionele en situationele factoren. Ramdas bevond zich tussen idealisme en realisme in, hij was een schrijver in wie een idee trachtte baan te breken zonder dat hij er zich zelf misschien van bewust was. De ontwikkeling van zijn schrijverschap wijst er mijns inziens op dat Ramdas boven zichzelf uitsteeg . Voor deze auteur die veel over het migratieproces schreef : 'Het opwindende van de migrantenidentiteit is juist niet dat er ergens een kern is die alle migranten gemeen hebben, maar dat de ruimtelijke overschrijdingen een culturele chaos veroorzaken die ze nooit meer kwijtraken. Dit gedachtegoed werkte hij helemaal uit in het hoofdstuk Madame Bovary in voornoemd essay hoewel ik de trefzekere wijze waarop Ramdas de positie van een migrant gelijk stelt met die van Madame Bovary te gesublimeerd vind. Het is Guave met appels vergelijken! De stelligheid waarmee Ramdas in zijn werk sproeit bezorgt hem enerzijds de allure van een man met een eigen kijk en opvatting maar anderzijds druist zijn opvatting in tegen de ratio en logica. In zijn programma Zomergasten was hij ook in discussie met Mark Rutte over de transformatie van de MAVO naar het VMBO en over de positie van het Nederlands in Nederland. Ramdas gaf er duidelijk blijk van het luchtruim te vullen met zijn kleurrijk geklater dan met een materie waar enige degelijke studie en voorbereiding uit herleidbaar zou kunnen zijn. Zijn agitatie jegens de opkomst van de PVV, hoe begrijpelijk ook, tastte zijn reputatie van denker en analyticus aan. Het getuigde eerder van exuberantie dan van eruditie bij uitgerekend een cum laude afgestudeerde sociaal geograaf. De elementaire antropologie leert ons reeds dat wanneer diverse volkeren uit allerlei landen massaal een ander land samendrommen, de inheemse bevolking dit ziet als een culturele invasie. En elke vorm van invasie roept automatisch verzet op, zelfs in een militante setting. Ik vrees dat Ramdas nooit zijn best deed om dit te willen bevroeden. Toch zagen velen in Ramdas 'de vent' die steun kon verlenen aan problemen die hem zelf als romancier en vooral als essayist voortdurend bezighielden. Met uitspraken als deze wordt de indruk gewekt dat Ramdas de betekenis en de waarde van dromen, de taal, de cultuur, de mythen, de verbeelding wist aan te wijzen, zeer treffend verwoordde en voor de toekomst vastlegde. Zowel door de eenvoud en de zakelijkheid van zijn stijl als door de onaandoenlijkheid en nuchterheid ten opzichte van de voorbarige ernst , die zijn beschouwende trant kenmerkt, is Ramdas een persoonlijkheid die in de oppositie was tegen elke kwaliteit aan de literatuur van zijn geboorteland . Zijn gedachten , zijn esthetische opwellingen getuigen veelal van een soms verbluffende intuïtieve juistheid, maar soms grenzen die ook tegen wat men "kolder" noemt, aan.

Het schrijven over een Surinaamse dichter staat onlosmakelijk verbonden met een beschouwing over de Surinaamse literatuur in het algemeen omdat de Surinaamse literatuur bezien vanuit de natietheorie aan bestaansrecht dreigt in te boeten. Dit komt doordat Suriname vanwege haar multi-racialiteit een optelsom is van etnisch groepen , die bezien en beredeneerd vanuit de natietheorie niet aan de criteria beantwoorden om voor één volk te worden aangezien. De huidige Surinaamse republiek kan niet worden verondersteld als een diaspora van levensvatbare onafhankelijke entiteiten ook al heeft het land het formele uitzicht op staatsschap. Suriname is een kruitvat dat vol is van etnisch-territoriale (soms gewelddadige) conflicten. Immers, steeds zal een eventuele dominante etnische groep van dat land prediken voor één territorium, één taal eisen en haar eigenheden opdringen aan de andere etnieën door hun onderwerping of vertrek te verlangen. Een consensus over omvang en vorm van de solidariteit tussen Surinamers zou moeten betekenen: "Hoe vriendelijker de mensen met elkaar zijn, hoe onvriendelijker de talen." Of, expliciter: Verschillende taalgemeenschappen kunnen eeuwenlang naast elkaar leven zonder dat hun respectievelijke talen bedreigd zouden zijn, behalve wanneer een specifieke levenswijze of religieuze verschillen ertoe zouden leiden dat ze heel weinig met elkaar te maken hebben. Maar zodra mensen uit verschillende taalgemeenschappen intensief met elkaar beginnen te praten, handel drijven, werken, erger nog te vrijen en kinderen te maken, dan begint de trage maar zekere uitdrijving, verplettering van de zwakkere taal door de sterkere - tenzij dit proces belemmerd wordt door het taalterritorialiteitsprincipe, het principe dat op een afgebakend territorium één enkele taal de officiële taal is, in het geval van Suriname is dat het Sranan Tongo. Suriname kent geen collectief volksgevoel, een collectieve volksideologie etc. ten gevolge waarvan deze verscheurdheid bij vele dichters stof werd om die in hun poëzie te bezingen, met de stil gekoesterde hoop dat hun poëzie zou kunnen bijdragen tot een nationale éénwording en een nationaal gezicht. En een dichter die dit door onrust doorkliefde Surinaamse landschap gretig aangreep om er zijn poëtische

nijverheid op te laten gedijen is de Surinaams-
Hindoestaanse dichter, Shrinivasie, pseudoniem van
Lutchman. Shrinivasie is naast een afgestempelde
Surinaamse -Hindostaanse dichter, een poëet die als
gezichtsbepaling dienst doet voor de oprukkende maar
tegelijkertijd in haar groei belemmerde Surinaamse
literatuur. Deze Surinaams-Hindoestaanse maar
evenredig Surinaams-Curaçaose en -Nederlandse
dichter koos voor de schuilnaam Shrinivasi . Zijn GBA-
naam is: Martinus Haridat Lutchman, zoals de
Brabantse archivist Michiel van kempen meldt in zijn in
Suriname bekroonde archiefmateriaal: De geschiedenis
van de Surinaamse literatuur. Shrinivasie werd volgens
dit archiefmateriaal geboren op 12 december 1926 op
de grond Vaderszorg te Kwatta in het district Beneden-
Suriname. Zijn pseudoniem zou een samentrekking zijn
van het Indiase woord Sri, hetgeen zoiets betekent als
goede/edele, Srinam (= fonetisch verklankte uitspraak
van Suriname door voornamelijk de Hindoestanen uit
het antieke tijdperk) en tot slot van het Indiase woord
Nivasi (= bewoner). Deze naam zou niet te verwarren
moeten zijn met de inmiddels gestorven Indiase
wiskundige Shrinivasi die in London leefde en welke
naam op een jaarlijks te houden wiskundig congres in
de VS niet ongenoemd mag blijven. In 1952 maakte de
dichter Shrinivasi onder het pseudoniem Fernando zijn
poëziedebuut in het tijdschrift Caraïbisch Venster waar
het tegenwoordige door de Nederlandse Staat
gesubsidieerde schotforum, Caraïbisch Uitzicht uit is

afgeleid. Caraïbisch Venster werd toentertijd op Curaçao uitgegeven door de Hollandse Boekhandel. Shrinivasi schreef ook in het weekblad De Katholiek en in De Surinamer en voltooide op het eiland Curacao zijn eerste dichtbundel Anjali , hetgeen zoiets betekent als de holte die ontstaat tussen twee devoot gevouwen handen , knielend bij een offergave. Dit zou kunnen doen vermoeden dat deze dichter een geboren Hindoe asceet is maar in werkelijkheid is hij even katholiek/Christelijk als Hindoeïstisch. Het debuut verscheen uiteindelijk in boekvorm te Paramaribo in augustus 1963. Een gedicht uit dit debuut ziet er als volgt uit:

Ik wist dat deze handen

Als eertijds

Samengevouwen

Tegen mijn voorhoofd

U zouden groeten

In een plechtige buiging

Wees gegroet

De dichter illustreert hier de geestelijke symbiose tussen de Hindoeïstische namaste en de Christelijke groet uit het Katholieke Ave-Maria. Opmerkelijk is dat deze debuutpoëzie goeddeels doortrokken is met Christelijke waarden en gebruiken. Hier en daar is er een samensmelting van de Ik-figuur met die van Christus: Dan zal het spotkleed/vallen/van mijn verwonde schouders. Het IK figureert als de Nazarener, een vreemdeling onder zijn eigen volk:

> Toen keerde ik
>
> terug naar de rook
>
> van de stallen
>
> vreemd en
>
> verstoten
>
> onder mijn eigen volk

Het kost onmetelijk veel inspanning om de logica van deze dichter te doorgronden wanneer je je als lezer beperkt tot de informatiewaarde die elke regel in zijn vers met zich mee zeult.

Een dichtregel als "vreemd en " kan even goed de associatie oproepen met : " Ik ben een vreemdeling, EN!!". In al zijn doorgaans korte verzen springt de dichter te arbitrair om met de zinsbouw alsof het hem niet zou willen schelen hoe zijn woorden zich op het maagdelijk blad uitsorteren . Afgezien van de architectuur van de poëzie is Shrinivasi een dichter die de lezer met de geladenheid van de betekenis van zijn korte regeltjes behoorlijk kan beroeren, verrassen en zelfs op het verkeerde been kan zetten. Hierin is hij absoluut een kunstenaar die met beperkte middelen iets grotesks kan creëren. Shrinivasi is een dichter, in hoge mate verlicht en met een kritisch oog die zich er voor hoedt als een kanebraaier over te komen. Hij heeft patent op een gemeenzame toon in regels als: 'Wij zijn allen Surinamers Wij zijn allen nobele onderdanen Wij zijn allen welbekende edele bewoners.' Typerend voor zijn poëzie is niet alleen de eerder nuchtere dan ontnuchterde houding van de dichter, maar vooral ook het feit dat hij er poëtisch gesproken niet meer van wenst te maken dan het is; geen opgeblazen taalgebruik, geen gezochte hermetiek waarachter de melancholie alsnog schuil kan gaan, geen poging in zijn gedichten zelf het gemis aan schoonheid in de wereld te compenseren. In plaats van op zoek te zijn naar het grootste en de teleurstelling daarover woest van zich af te schrijven, richt hij zijn oog op het gewone, alledaagse (zij het dan voornamelijk in zijn geboorteland, waar dat natuurlijk toch de glans van het ongewone mee heeft) en ziet daar de poëzie van in. Hij neemt op die manier een positie in tussen een realist en een symbolist.In vele gedichten bezingt Shrinivasi de heimwee naar een verbroken eenheid, het verlangen naar simplificatie in een ingewikkeld wordende eenheid, het oproepen van de oorsprong als oerbeeld van het heden. Shrinivasie blikt ook voortdurend om zich heen en ziet dat zijn omgeving de koele realiteit is. En hoewel zijn poëzie een transcendente stilstand verademt, is ze zelden ingewikkeld en veronderstelt ze nimmer enige buitentekstuele kennis. Ik denk dat dit kenmerk Shrinivasi boven vele andere Surinaamse rijmelaars uittilt omdat hij de taal niet meer als een probleem of belemmering ziet maar haar werkelijk als autonoom behandelt. Hier en daar krijg ik het gevoel dat het allemaal zachtaardige nonsens is, niet van enige maniërisme ontbloot, een eindeloos navelstaren. In Shrinivasis' denken is de wereld de vervreemding, de opstelling, de historie; die wereld moet hij opnemen en aanvaarden, veranderen of behouden, voor zichzelf en voor anderen. Als dichter verstaat Shrinivasi bij uitnemendheid de kunst een aantal zeer subtiele, ingewikkelde en tenslotte onbegrijpelijke (levens)ervaringen ten minste helder vorm te geven waardoor zijn woorden een heel bijzondere lading krijgen.

'In de koelte/van een nieuwe hut/ter ruste leggen. Wanneer de dag/als vuurwerk uiteenspat/achter de bomen zal ik de mooiste hosbloem/steken in je geurig/donker haar en afscheid nemen/en afvaren/met de eb/die buiten rusteloos en/ongeduldig wacht.'

Is het terecht Shrinivasi te beschouwen als een Hindoestaanse dichter die in te lijven zou moeten bij de Sarnami literatuur? Het woord Sarnami is de taal der Hindoestanen in Suriname. Het is eigenlijk een uit het Indiase Bihar overgewaaid dialect naar Suriname dat niet zelden in agitatorische gebaren en gebral wordt "gesproken " .De meeste Sarnami-dichters pretenderen ongebreidelde poëzie te slijten als wissel op de eeuwigheid. Poëzie is voor hen de erfgenaam van de waarheid, een manier van spreken van mensen die toevalligerwijze niet in een dolhuis zitten. Steeds weer staan er Sarnami-dichters op die zich niet beperken tot het maken van poëzie, maar ook de brandende wens koesteren te vertellen wat poëzie is. Daar steekt niets oneervols in. Elke dichter houdt zijn eigen poëzie voor de enige ware. Volgens sommige critici zouden Sarnami-dichters eerst verworden zijn tot een ruisend bos om vervolgens woorden te kunnen produceren die in een disharmonie tot elkaar staan . De meeste kritiek gaat naar hen die zich in het algemeen als aangewezenen voelen om met de scepter te kunnen zwaaien in het bordeel der verheven kunsten. Shrinivasie is in dat opzicht een zichzelf respecterende dichter die wars is van flauwekul, gevrijwaard van invloeden van buiten en die zijn weg autonoom vervolgt. Dit geeft zijn werk een aparte grandeur, een oorspronkelijkheid waar andere Sarnami-dichters nauwelijks aan kunnen nippen.

Hoofdstuk IV

Voor wie schrijft de Surinaamse schrijver/dichter?

Op het eerste gezicht lijdt het geen twijfel dat de Surinaamse schrijver/dichter voor de doorsneelezer schrijft. Deze omschrijving is zonder meer een ideaal. In het algemeen dragen alle Surinaamse literaire geestesproducten het beeld van de lezer voor wie zij bestemd zijn in zich. Deze schrijver hoeft alleen maar te zien wat aan een onderwerp vastzit zonder wat eraan grenst of omgekeerd, door zijn toevlucht te zoeken in een geest van het Surinaamse leven dat de burger elke waarde dreigt te ontnemen, door het Surinaamse leven te bezien in de banaliteit van het dagelijkse leven, door zich in te beelden dat zij in staat zijn zich te vereenzelvigen met een klasse van onderdrukkers, dat men aan zijn klasse kan ontkomen door een verhevenheid van gevoelens. En als zij zich tot de onderdrukten rekenen door zich hun medeplichtigheid met de onderdrukkers te ontveinzen, moeten zij ook kunnen verwoorden hoe het is om in ketenen vrij te leven. Tot dit alles kunnen die schrijvers hun toevlucht nemen. Ik stel dat een schrijver slechts geëngageerd is wanneer hij tracht zich zo helder en zo volkomen mogelijk bewust te zijn van het feit dat hij betrokken is, d.w.z. wanneer die voor zichzelf en voor anderen het geëngageerd-zijn ook als zodanig weet uit te dragen.

Een schrijver bij uitstek een persoon die goed- of kwaadschiks een bepaalde maatschappelijke functie bekleedt. Welke rol hij ook wil spelen, hij zal die moeten spelen vanuit de voorstelling die anderen van hem hebben. Hij kan de persoonlijkheid die men in de Surinaamse gemeenschap aan een literator toekent wel willen veranderen, maar om haar te wijzigen moet hij die eerst aanvaarden. Hoe vat de schrijver voor zichzelf de taak op om zijn pennenvrucht aan de vrijgevigheid van de lezer voor te leggen? Niet dat deze vrijgevigheid zich zou moeten uiten in verklarende redeneringen of door deugdzame personages; ze moet zelfs niet voorbedacht zijn en het is zeker waar dat men geen goede verhalen en gedichten moet schrijven met goede gevoelens. De schrijver moet zelf de materie van het werk zijn, d.w.z. de stof waaruit de mensen en de dingen gesneden zijn. Het gekozen onderwerp mag aanvankelijk gerust iets luchtledigs voorstellen en overal aan de dag kunnen treden als herinnering dat het geproduceerde werk dat nimmer een natuurlijk gegeven is maar een verlangen en een gift. De schrijver beschouwt zijn inspiratie als cool en probeert zijn verontwaardiging te doen verlevendigen. De gebeurtenissen in Suriname dienen heel vaak als inspiratiebron en zullen de gebeurtenissen zich in diepte ontplooien tijdens de beschouwing, de bewondering, de verontwaardiging van de lezer. Realiseert de schrijver zich dat er een verschil is tussen de literatuur en de moraal, dat er een morele imperatief bestaat tegen de achtergrond van het esthetische imperatief? Deze kanttekening houdt verband met het feit dat het esthetische bij de literaire vormgeving niet verdrongen mag worden door het feit dat men op een obsessieve wijze aardig gevonden wenst te worden door de lezer. Hierdoor zijn er goede en slechte literaire werken. Het slechte literaire werk streeft om door gevlei in de smaak te vallen, terwijl het goede een eis en een geloofsgetuigenis is. Maar vooral: de enige wijze waarop de Surinaamse literator zijn lezers het vrije t.a.v. zijn meningsuiting kan voorhouden is die van een samenleving die steeds meer met vrijheid is doordrenkt. Hij moet in zijn werk het verscheidene terugbrengen tot het gelijke. Soms moet de schrijver de onherleidbaarheid der verandering zorgvuldig doseren zoals die in fantastische novellen te lezen is. De schrijver doet er vervolgens goed aan om van het onverklaarbare dat misschien een hele oorzakelijke orde doet vermoeden, het irrationele te herstellen.

Hoofdstuk V

Maatschappelijk draagvlak literatoren

Suriname kent niet een ongedwongen leestraditie maar één die gegrondvest is op een plicht krachtens de onderwijswet. Leerlingen beginnen vanwege deze plicht naarstig op zoek te gaan naar uittreksels van romans die zij voor hun eindexamen gelezen dienen te hebben. Buiten deze plicht voelt niemand zich geroepen om een (literaire) roman of poëzie te raadplegen. We moeten toegeven dat de leescultuur in Nederland hoofdzakelijk gestimuleerd wordt door klimatologische veranderingen waardoor het gemakkelijker is met een boek voor de kachel onderuitgezakt te zitten. Suriname is in dit opzicht op zich een kachel waardoor mensen zich niet overgeven aan een solitaire bezigheid als het lezen. Bovendien zijn Surinamers sociale mensen die eerder een gezelschap opzoeken dan een bibliotheek. Niet te verwaarlozen is er nog het collectieve waardeoordeel ten aanzien van de identiteit van dichters en schrijvers die men tot de categorie van volslagen idioten denkt te moeten rekenen. Men heeft zelfs veel meer vertrouwen in de maniakale explosies van een frenetieke persoon dan in een ingetogen schrijver . Het onderwijs in het vak Nederlands voorziet ook niet in de stimulering van literatuur. Er wordt onmetelijk veel aandacht besteed aan de grammaticale zijde van de Nederlandse taal maar niet aan de syntaxis, ook al heeft men tot op heden het onderdeel 'opstel schrijven' kunnen consolideren. Leerkrachten van Surinaamse afkomst zijn evenals de meeste journalisten daar niet echt getraind in het experimenteel en gedurfd schrijven maar opereren binnen de klamme marges. Men hanteert zelfbedachte restricties t.a.v. de woordenrijkdom, taal- en uitdrukkingswijzen en gaat er even gedwee en volgzaam mee om zoals natuurvolkeren het doen met hun aan zichzelf opgelegde wurgende rituelen en gebruiken. Gebruiken en waardeoordelen zijn natuurlijk voor iedereen iets persoonlijks maar voor schrijvers hanteert men in zowel Suriname als in Nederland zeer eigenaardige beoordelingscriteria. Deze slaan niet op de expertise, artistieke kwaliteit en betrouwbaarheid, maar de eigen oriëntatie en kijk die men op de schrijver heeft. Naast kwalitatieve oordelen is er binnen de Surinaamse gemeenschap de remmende factor van de etniciteit. De geëtaleerde kwaliteit van een schrijver uit een bepaalde etniciteit wordt wel eens/vaak op wantrouwen onthaald.In het algemeen beschouwd zijn entiteiten als persvrijheid, literatuur en andere kunstzinnige uitingsvormen binnen de Surinaamse gemeenschap erg marginaal. Hierdoor tref je (Surinaamse) literaire producten eerder in de vitrines tussen de belegde broodjes en snacks van Surinaamse toko's aan dan bij gerenommeerde boekhandelaren. Bij de organisatie van een literair festival wordt er vooraf gekeken welke schrijvers en dichters buitengesloten dienen te worden omdat ze met hun karakter de toets van de kritiek niet hebben kunnen doorstaan. Kwaliteitscriteria zijn hen wezensvreemd. Zelfs de bekende Surinaamse Astrid Roemer (°Paramaribo, 1947) die ooit deelnam aan het schrijversfestival Herfstschrift te Groningen en in mei 2016 als eerste auteur van Caraïbische oorsprong de P.C. Hooft-prijs zal ontvangen, presteerde het om de naam van een collega-schrijver van de lijst te laten afvoeren omdat zij betrokkene niet genegen was.

Sinds 2002 weet de Surinaamse gemeenschap zich vertegenwoordigd door een leerstoel in de Caraïbische letteren aan de UvA, waarover verder in dit essay nog meer. De hoogleraar die deze leerstoel mag bekleden, mocht vanwege zijn veelbelovende ambitie de eindredactie voeren van literaire tijdschriften als Deus ex Machina, Streven, De Gids, De Tweede Ronde etc. waarin pennenvruchten van Surinaamse literaire talenten werden opgenomen. Deze hoogleraar,Michiel van Kempen genaamd ,die vreesde verlegen te zitten om kopij liet de oren hangen naar geruchten die verspreid werden door dichters en schrijvers over bepaalde collega's met wie ze in de clinch lagen met als gevolg dat de beklaagden door deze eindredacteur werden uitgesloten. In dit verband moest ik in een reflex denken aan wat W.F. Hermans ooit in zijn reisverslag De laatste resten tropisch Nederland over

Suriname schreef, nl: " doen de stomme Nederlanders er keihard aan mee om deze in de Surinaamse gemeenschap verankerde vooroordelen zelf ook te helpen consolideren en te distribueren".

De relatie met de pers

Surinaamse periodieken zijn dogmatisch bladen die zich aan hun eigen principes denken te kunnen houden. Die houden op hun beurt rechtstreeks verband met de persoonlijke angsten, weerzin en antipathieën van de niet zelden eigengereide redacteuren en medewerkers. De 'gunningspolitiek' waar ik verder in dit essay over zal uitweiden, is hier in feite een product van. Men hanteert geen gedragsregels waar schrijvers van teksten zich aan zouden dienen te houden. Elke redacteur torst een vracht aan zelfbedachte redactionele regels op zijn schouders waarvan de ladingskwaliteit inherent is aan de bij hemzelf verankerde morele en ethische restricties. Zoals bij alles in dit barre leven onder Surinamers is de mythe van Surinaamse periodieken zoals in Nederland vaak beslissender dan wat de gangbare ethiek en journalistiek voorschrijven. Doordat Surinaamse journalisten en redacteuren geen principes hanteren, zijn zij ook geen voorstanders van een aanpak in de volle breedte en omvang en gooien zij alles op een imaginaire democratie waar hun land over zou beschikken. In de redactionele concepten wordt niet altijd duidelijk vastgelegd de wijze waarop er met redactionele vrijheid dient te worden omgesprongen. Hierdoor keren Surinaamse journalisten en redacteuren zich tegen psychologiserende benaderingen van critici, die met hun betoog juist meer argumenten aandragen en meer inzicht verschaffen in wat schrijvers aan hun lezers mogen presenteren. De machtsaspiratie van de redacteuren als probaat middel om over het literaire werk heen te kunnen springen zonder dat daarvoor aanvaardbare argumenten worden geleverd, wordt als een bittere vorm van arrogantie ervaren. Men volstaat met simplistische conclusies over het werk en verbindt er een modelvoorbeeld aan voor de schrijver. Het interesseert werkelijk niemand waar het literaire als oordeel gelokaliseerd dient te worden. Als een journalist/redacteur het oneens is met de auteur, probeert eerstgenoemde andere collega's te overtuigen van zijn ingenomen standpunt en visie over de auteur in kwestie, ook al komt de conclusie niet voort uit enige analytische interpretatie. Surinaamse redacteuren plegen schrijvers van in hun ogen deviante teksten veel hardvochtiger aan te pakken dan enige buitenstaander het ooit in zijn hoofd zou hebben gehaald. Ze kennen de wetten van de logica niet zoals passief opnemen en actief vormgeven. Een schrijver van literair werk of (anders) een essay heeft in Suriname heel veel moeite om serieus te worden genomen. Meestal begint de beoordelaar de inrichting van zijn eigen kunde, kennis en vaardigheden als model te gebruiken om vervolgens de schrijver eraan te spiegelen. Als er wezenlijke en beduidende verschillen zijn aan te merken, dient de schrijver zich naar hem te richten. Surinaamse redacties hebben in de regel helemaal geen maatstaf om een nieuwe schrijver te beoordelen. Als een schrijver bij de redactie al bekend is, wordt er met een soort perspectief naar diens inzending gekeken. In de regel geven de redacties niet eens een reactie op de inzending van een nieuweling omdat men de attitude heeft om met beginnelingen, eventueel onbekenden geen zaken te doen.

Hoofdstuk VI

De literatuuropvatting onder Surinamers

De meeste onder de zogenaamde Surinaamse intelligentsia vallende personen worden ten aanzien van het fenomeen 'literatuuropvatting' (maar ook over andere potige onderwerpen) eerst alert en waakzaam wanneer iemand het er toevallig over heeft. En zij laten zich daarin niet graag onbetuigd! Vooral in Nederland redeneren leden uit deze categorie ten aanzien van vermeende vermeend verworven kennis in een haast 'communistische' trant, inhoudende dat een ieder begiftigd zou moeten zijn met eenzelfde kennisniveau. Paradoxaal genoeg zijn het juist deze lui die bij de opstart van een opinieblad of website er een thema als literatuur als eerste uit weren. Binnen de Surinaamse gemeenschap is de website Indian Feelings onder de supervisie van Dinesh Hanuman de enige digitale periodiek geweest die zeer breed openstond voor een literaire rubriek. Eerder stond Weekkrant Suriname ook daarvoor open, maar onder druk van verongelijkte lezers werd ervan afgezien. De enige literaire bijlage in Suriname zelf laat zich vinden in het ochtendblad De Ware Tijd onder de eindredactie van de op 9 maart 2016 overleden Nederlandse Els Moor (°1937). Op vlak van literaire kritiek tref je er overwegend inhoudsbeschrijvingen in aan, opgesierd met kindertekeningen en een uitwisseling van beleefdheden middels ingezonden brieven van ontroerde lezers. Het toefje bekwame recensenten dat aan die krant is verbonden, hanteert geen uitgangspunten en maatstaven als basis voor het uiteindelijke oordeel waardoor de recensies mank lopen. Effendie Ketwaru (°Paramaribo, 1956) is de enige die recensies van enig formaat levert. Zijn Nederlandse taalbeheersing lijdt ook niet onder hetzelfde euvel van zijn recenseergrage collega's. Bij de rest zijn esthetische criteria wereldvreemd en richt men zich daarom op de maatschappij veranderende potentie van het werk. De literaire kritiek in dat land is er nooit aan toe geweest om zich op de tekst zelf te concentreren en daarmee, om te beginnen, als het ware technologisch aan het werk te gaan. Daardoor is er een exclusieve aandacht voor de tekst ontstaan waarbij men de schrijver wil forceren om vanuit een breed maatschappelijk draagvlak te opereren. Opmerkelijk is dat er weinig onderzoek is gepleegd naar de manier waarop de literaire kritiek wordt gerecipieerd volgens de wensen van de lezer. Lezers worden er ondanks fraaie democratische beginselen niet gehoord en vanop afstand onwetendheid toegedicht. In Suriname heeft de literaire kritiek in feite het loodje moeten leggen ten voordele van de moderne reclametechnieken waarmee het publiek kan worden bespeeld. Om dit probleem op te lossen lijkt het geen slecht idee om in Suriname een vorm van groepspraktijk à la artsen en advocaten in het leven te roepen roepen; daarin zouden critici kunnen verenigen met het oogmerk literaire kritieken te produceren en aan de man te brengen. Er zou gebruik gemaakt kunnen worden van een gemeenschappelijk archief en van een gemeenschappelijk apparaat waarbinnen ook de recensenten zich zouden kunnen ontwikkelen. Ergens in de jaren tachtig is binnen in het milieu van De Ware Tijd wel eens sprake geweest van pseudokritiek. Het betrof de malligheid van de zich zeer kritisch voordoende recensent, Michiel G.H. Van kempen die zelfs de oprichter bleek te zijn van de literaire bijlage van deze krant. Hoewel betrokkene zich inmiddels in Nederland verkast heeft, schijnt hij er nog steeds invloed op te kunnen uitoefenen wat erop neerkomt dat hij vanuit Nederland bepaalt wat erin mag en wat niet. De kritiek van deze man had totaal geen nieuwe retoriek voortgebracht. De literaire vervreemding die deze criticus teweegbracht, was trouwens ideologisch ongefundeerd omdat hij niet erkende dat er zoiets zou zijn als een objectieve werkelijkheid. Het enige dat hij wel erkende, betrof teksten die moesten aansluiten bij zijn zich toegeëigende Surinaamse restrictie van wat men wel en niet mag schrijven (een ook in Nederland betwist standpunt) en sloot hij wat dit betreft aan bij diverse geestverwanten om zich heen. Binnen de Surinaamse schrijversgemeenschap in Nederland en in Suriname lijken er twee kampen te bestaan: de ene groep behaagt een lezerskring die in literatuur emotie en gevoel zoekt en een andere, aanmerkelijk kleinere groep verwacht van literatuur een kritische reflectie. De eerste groep verwijt de tweede de literatuur te verarmen, te amputeren; de tweede groep verwijt de eerste naïviteit en kritiekloosheid. Volgens mij is dat een zeer kunstmatige, onvruchtbare tegenstelling die je telkens weer verwoord vindt in opposities als verstand-gevoel, objectiviteit-subjectiviteit, vorm-inhoud. Binnen de Surinaamse gemeenschap wordt jou gauw een cerebrale benadering van literatuur verweten als je durft vraagtekens te plaatsen bij voornoemd oppositiesysteem. Je krijgt het verwijt een onnodig objectivistisch standpunt in te nemen, een formalist te zijn die alleen geïnteresseerd zou zijn in de vormaspecten. Het zijn heel beladen begrippen, maar in de formule van troostrijke literatuur als uitdrukking van gevoelens wordt er stilzwijgend van uitgegaan dat gevoelens vaststaande gegevens zijn die alleen nog maar door de literatuur moeten worden vertolkt. Maar de leesbaarheid van literaire teksten hangt toch voor een belangrijk deel samen met het verwachtingspatroon van de lezers, van hun bereidheid een tekst tot zich te nemen, van hun kennisniveau. Leesbaarheid is dus geen universeel criterium maar is heel relatief en is zeker niet objectief.

Bevoegde criticus

Wie mag zich binnen de Surinaamse gemeenschap opwerpen als een bevoegde literaire criticus? Binnen de Surinaamse gemeenschap(ook van Nederland) is het nogal wat om iemand uit de eigen gelederen als een bekwame c.q. bevoegde literaire criticus aan te wijzen met op de functie-inhoud toegesneden kwaliteiten. De enige terreinen waarop Surinamers elkaar 'credits' gunnen zijn sport en muziek. Men is wel bereid te erkennen dat er een topsporter is van Surinaamse afkomst en een topmuzikant of -artiest. Zodra het een erkenning betreft op het geestelijke front - denk aan intellectuele verworvenheden - begint men zijn twijfels over de persoon te uiten. Deze twijfel wordt ook weleens versterkt door het feit dat als de persoon in kwestie bijvoorbeeld ooit als onhandige, bedeesde buur naast degene die zijn twijfels over betrokkene uit, gewoond en geleefd heeft. Het doet er dan niet toe hoe lang het geleden is. Betrokkene wordt resoluut aan zijn verleden gespiegeld. Een mogelijk uit die tijd geadministreerde zwakheid wordt nog altijd gezien een euvel dat de tijdgeest niet heeft verdreven en waaraan de betrokkene nog steeds lijdt. De vraag hoe dit gekristalliseerde negatieve zelfbeeld van de Surinamer haast oncologisch is blijven gedijen, kan enkel worden beantwoord middels een zwakke speculatie waarbij ik riskeer de plank faliekant mis te slaan. Albert Helman schreef in zijn cultureel-antropologische studie Cultureel Mozaïek van Suriname dat het Nederlands in Suriname de graadmeter zou zijn van iemands ontwikkelingspeil. Surinamers zijn in het algemeen erg vooruitstrevend in cognitieve zin en doen er alles aan een studie, op welke wijze dan ook, af te ronden. In het Surinaamse parlement had een politica het een keer over de titelgeilheid onder Surinamers. Op zich steekt hier niets oneervols in ware het niet dat dit bumperkleven op de sociale ladder ook een corrumperende competitie met zich meebrengt, uitgedrukt in onderlinge nijd, negatie, bagatellisering, onderschatting etc. De ene negeert de wetenswaardigheid van de andere en zo gaat het maar door. Het zou hierbij zelfs op de blote likdoornrijke voeten aan te voelen moeten zijn dat de ene Surinamer beter niets kan verkondigen over de kwaliteit van een andere. In een vervolgfase speelt de etnische verdeeldheid binnen de Surinaamse gemeenschap ook een aanzienlijke rol. De ene etnische groep dicht de andere etnische groep inferieure eigenschappen toe waarbij ook de mate van Nederlandse taalbeheersing meespeelt. Binnen de etnische groepen zelf is er ook een stormloop van onderling wantrouwen waarbij de vooroordelen die uit andere etnische groepen over hen heen zijn gedropt, tegen elkaar worden gebruikt en men elkaar eraan blijft spiegelen en elkaar daardoor blijft wantrouwen en onderschatten. In z'n totaliteit heeft deze ontwikkeling uit hoofde van veiligheid, objectiviteit en daadwerkelijk aanwezige vakkennis geleid tot de aanstelling van bij voorkeur een Hollandse literaire criticus. Ook al zet deze laatste een kritiek neer die qua zorgvuldige uitwerking, diepgang en analytische interpretatie niet eens de helft voorstelt van wat de Surinaamse criticus neerpende, het feit alleen dat er een 'oerwitte' hand aan te pas mocht komen, is al voldoende basis om de 'optische kastanjes' in de oogkassen van vreugde te doen fonkelen. De personele bezetting van Surinaamse krantenredacties die hoofdzakelijk uit Hollanders bestaat, is een afspiegeling van de onbekende vertegenwoordiging waar men in Suriname uitstekend mee kan leven. Alleen in Nederland verzet men zich tegen het fenomeen zwarte piet.

Hoofdstuk VII

De ontwikkeling van de literaire kritiek

Toen ik rond 1980 begon met het schrijven van literaire kritieken, gold Albert Helman binnen het spectrum van de Surinaamse letteren als de grootste schrijver en essayist. Zijn status was vergelijkbaar met die van Simon Vestdijk in Nederland. Zijn voornamelijk in de Salamanderreeks van Querido uitgegeven werken hadden Helman een haast onaantastbare positie gegeven. Zelfs zijn postuum verschenen werken deelden in die reputatie. Desalniettemin werd Helman nooit als norm beschouwd voor het beoordelen van het werk van andere Surinaamse schrijvers. Surinamers verweten hem dat hij over hun land schreef zoals een buitenlander dat zou doen. Surinamers hebben de grote kwaliteiten van zijn werk, de veelzijdigheid, de intelligentie , de meerduidigheid van personages en situatie, de eruditie en de rijkdom van iedere afzonderlijke passage nooit kunnen inzien en begrijpen. Hierdoor is hij een onbegrepen monument gebleven in het drassige Surinaamse literaire polderlandschap. Helman's in 1952 gepubliceerde roman *De Laaiende Stilte* heeft de vorm van een dagboek waarin negerslaven de passieve slachtoffers zijn van de niet aflatende blanke willekeur en morbide plunderdrift. Ze haatten de negers als lastige dieren, een kudde van luie en trouweloze beesten, die te dom zijn om hun plicht, het eeuwige werk, te begrijpen en uit te voeren. In dit boek heeft Albert Helman de historische ontwikkeling van Suriname geschetst, zoals Cynthia Henri McLeod-Ferrier dat zou doen in haar roman *Hoe duur was de suiker?* (1987). In de roman van McLeod, waar de recensent Michiel van Kempen veel kritiek op had(zie artikel DWT-Literair: "*Roman over de Boni-tijd mist persoonlijk stempel*")lopen de personages tegen de bekrompenheid van de koloniale maatschappij aan. Hoewel van Kempen zelf ook niet bepaald een criticus is met een uitgesproken literair-filosofische opvatting zonder distantie en zich door dit ingegroeide euvel blind laat geleiden door zijn eigen rudimentaire ingevingen, doet deze roman qua gebruikte taal- en uitdrukkingsvormen en exuberante taalemoties toch nogal gezwollen aan. De reden waarom ik de historische Helman en de modernere McLeod-Ferrier naast elkaar plaats is om aan te geven dat zij ondanks de scherpe inzichten die zij in hun werk etaleren, niet het fundament hebben weten te leggen voor een authentiek Surinaams literair bouwwerk. Helman was ambivalent en cynisch ten aanzien van het fenomeen 'Surinaamse literatuur'. In 1983 had ik de eer deze grootheid in zijn woning te Hilversum te mogen bezoeken. Daar vertelde hij mij dat er geen Surinaamse literatuur kon bestaan doordat er geen sprake was van een Surinaamse natie. Hij vervolgde: 'Wat is nou Surinaamse literatuur? Is dat literatuur voortgebracht door Surinamers die in Suriname wonen? Is dat literatuur die over Suriname gaat? Is dat literatuur voortgebracht door in het buitenland wonende Surinamers? Ten gevolge van de diffusiteit in de etnodemografische samenstelling van het land wordt het bewaken, beheren en promoten van het eigen territorium uitgangspunt van iedere Surinaamse bevolkingsgroep. Dan pas komt de natiekwestie in beeld, een fenomeen dat naar diepgang en uitleg doet snakken.' Helman hield kennelijk rekening met de verscheidenheid aan etnische groepen en hun specifieke culturele eigenheden ten gevolge waarvan hij de aandacht kennelijk in de eerste plaats richtte op het behoud en vergroting van het specifieke waarbij het nationale in vervolg daarop een keer schemerig in de verte zou gaan gloren.

Het literaire tijdschrift Extaze (jaargang 2012, nummer 4) meldt er op de navolgende wijze gewag van: Sinds de Surinamist Michiel van Kempen zich binnen de Surinaamse cultuur en letteren een aanzienlijke positie heeft weten te verwerven, is er een Surinaamse literaire hiërarchie ontstaan die voornamelijk op zijn voorkeuren berust. De punt van de piramide bestaat uit vertegenwoordigers van zich snel uitbreidende minderheidsgroepen. Voordat Van Kempen de nieuwe hiërarchie instelde, steunde de oude, geëerbiedigde structuur voornamelijk op maatschappelijke en politieke pijlers. De literaire nijverheid was dus een zaak van mensen die een goede positie bekleedden in de Surinaamse samenleving. Binnen die traditie werd de kwaliteit van de literatuur ondergeschikt geacht aan de eclatante positie die een persoon op politieke of andere gronden toebedeeld had gekregen, in welk geval hij deel was van de dynastie van Suriname. Enkele dynastieleden die hieruit voortkwamen waren Eddy Bruma, Ronald Venetiaan, Benny Ooft, Corly Verlooghen, Robin Ravales en Martinus Lutchman, die ondanks de benedenmaatse kwaliteit van hun verbale toebereidselen de Surinaamse literaire top-tien behaalden. Bea Vianen die met haar proza sterk tegen de streekromantraditie aangrensde kon de toets van de literaire kritiek toch doorstaan. Je moet in ieder geval niet te veel tijd steken in de vormaspecten en de psychologie van haar roman. Deze politieke gunning heeft het Surinaamse literaire landschap geen goed gedaan. Van Kempen gooide die hiërarchie om en bevoordeelde minderheidsgroepen. Ook als hun literatuur niet echt 'top' was. Van Kempens indeling komt overeen met het beginsel van gunning (niet zozeer de literaire argumenten gelden, als wel het feit dat je tot een minderheid behoort). Hierdoor is het Surinaamse gunningbeginsel niet verdwenen maar enkel van grondlegger veranderd en wel van één uit Brabant. Binnen de door Van Kempen geschapen Surinaams-hiërarchische structuur was het haast vanzelfsprekend dat na de dood van Helman anderen aan de top kwamen en dat de kwaliteitsnormen zouden veranderen. Deze ontwikkeling compliceerde de discussie over de Surinaamse literatuur aanzienlijk. Het leek er nu op alsof iedere ontwikkeling van Suriname en Surinamers onlosmakelijk verbonden zou blijven met het beginsel van gunning. Surinamers gebruiken graag de uitdrukking 'je moet niet denken dat je hier automatisch en zonder iets goewweldig wordt.' De kritische lezer mag mij terecht attaqueren met de solide vraag of Nederland consequent is bij de toepassing van enige aanwezige literaire criteria. De universiteit te Amsterdam kent sinds enkele jaren de leerstoel boekwetenschap waarvan de invoering hoofdzakelijk geïnspireerd werd door het gegeven dat de grootste literaire uitgeverij ervoor in de rij staat werk te willen uitgeven van een auteur die enkel faam heeft verworven door vaker op de televisie te verschijnen óf door diens/dier kanis te laten gebruiken als testbeeld. Hierdoor vraag je je af of Nederland net als Suriname niet een emotionele verzamelaar is van vermoedelijke kaskrakers . Het oncontroleerbare kun je makkelijk ondervangen door voorbeelden te geven van wat je verstaat onder goed of slecht. Zinledig zijn recensies tot op zekere hoogte altijd. Daar waar je mee bezig bent zijn interpretaties en evaluaties en die zijn per definitie subjectief. Nederlanders schijnen gewoon niet te snappen dat ook Surinaamse schrijvers zich overleveren aan fascinatie waardoor er een gevecht ontstaat tussen dat wat ze willen en dat wat ze kunnen. Hollandse literaire tijdschriften doen bij voorkeur dienst als een literair stamcafé in de vorm van hard copy en hebben daardoor ten opzichte van elkaar de onderscheidingsmarge van een blinde mol. Hun uniciteit hangt aan een kleine kring van vertrouwde auteurs, die het steeds hebben over een leestekentje meer of minder. Uit veiligheid bespreken Nederlandse critici werken die al goed in de markt liggen. Desalniettemin is de inferieure kwaliteit van het gemiddelde Surinaamse literaire werk niet goed te praten. Om te beginnen heeft de Surinaamse dichter bijvoorbeeld onvoldoende persoonlijkheid om zijn ideeën de moeite van het overdenken waard te maken. Hij/zij heeft niet het talent om die ideeën vorm te geven die op grond van "esthetische "normen aanvaardbaar zijn. De prozaschrijvers onder hen hebben geen eigen onverwisselbare stijl die een zekere mate van authenticiteit zou kunnen waarborgen. Zowel het Surinaamse gedicht als de roman is niet doortrokken van enige vormkracht. En vormkracht is in algemene zin een creatief fluïdum dat een boek uittilt boven de grauwe middelmaat. Ten gevolge van dit technische euvel wordt de Surinaamse literatuur zelfs buiten de eigen landsgrenzen miskend. De vraag die nu rijst is of het terecht is dat literatuurargeloze Nederlandse recensenten Surinaamse schrijvers kwalificeren als beperkt in de keuze van hun thematiek. Volgens hen zouden hun werken doordrenkt zijn van pathetische thema's zoals de zoektocht naar de wortels van het zelf, verscheurdheid en het leed van ouders en kinderen. Daarbij gaan ze voorbij aan het feit dat de Nederlandse roman zelf mank gaat aan dit euvel. In de jaren zeventig en tachtig hebben Nederlandse uitgeverijen en literaire tijdschriften er steeds hoogzwanger bijgelegen middels werktuiglijke publicaties van werken van Nederlandse auteurs waarin jeugdcomplexen werden afgeschreven en/of traumatische Jappenkampervaringen tot en met bittere herinneringen aan de Duitse bezetting. De huidige generatie heeft haar blikveld weliswaar drastisch verbreed maar kan zich moeilijk losweken van Hollandse pathetiek als homodrama's, een verloren dierbare, verloren liefde en noem maar op. Dit was dan ook de reden waarom wijlen hoofdredacteur van De Groene Amsterdammer, Martin van Amerongen die wijlen Anil Ramdas als redacteur onthaalde en hem verder bij de NRC en De Bezige Bij onderbracht, eens opmerkte: "*Je zou met een Nederlandse roman naar een onbewoond eiland moeten...*". In de loop der jaren zijn thema's als migratie en historie flink gaan meespelen in de werken van Surinaamse schrijvers, zowel woonachtig in Nederland als in Suriname. Zulke thema's waren reeds eerder manifest in werken van Astrid Roemer, Ellen Ombre, Bea Vianen, Cándani, Edgar Cairo en Leo Ferrier. In het werk van Edgar Cairo werkte het begrip van 'het negerverdriet' door in zijn gehele oeuvre. In de roman Atman (1968) van Leo Ferrier zijn de thema's van de zoektocht naar identiteit en verscheurdheid rijkelijk vertegenwoordigd. Ferrier's schrijverschap kwam tot bloei in een periode toen Belcampo en Hubert Lampo met hun magisch realisme een nieuw tijdperk inluidden in de Nederlandse literatuur . Ook in Ferrier's werk zag je daar duidelijke trekken van terug. In zijn beschrijving van bepaalde situaties sloeg de koele realiteit eensklaps om in een irreële bijzonderheid. Astrid Roemer, Ellen Ombre en Cándani schetsen in hun werk beelden van armoede, gefrustreerde verhoudingen tussen ouders en kinderen, migrantenproblemen en een desastreus politiek beleid.

Roemer behandelt in haar trilogie, *Gewaagd leven* (1996), *Lijken op Liefde* (1997) en *Was Getekend* (1999) de zware problematiek van deze dekoloniserende samenleving en maakt daarbij gebruik van sterk symbolische motieven zoals dood, moord, zelfmoord, abortus en onvruchtbaarheid. Haar gevarieerde schrijftrant getuigt weliswaar van een behoorlijke taalvaardigheid, maar na lezing van haar literaire toebereidsel krijg je toch het gevoel dat je bedolven bent geraakt onder een massa gesmolten oude kaas. Ombre en Roemer zien in de pluriforme samenleving en migratie de voornaamste oorzaken van potentiele stress bij personen en de de botsing van culturen, waarden en taal. Deze cultuurverschillen zijn meestal verweven met sociaal-economische ongelijkheid en gaan gepaard met sociale stereotypering en discriminatie van minderheidsgroepen. Migratie brengt veelal verlies met zich mee, zoals scheiding van gezin en familie, ontbinding van een sociaal netwerk en vermindering van maatschappelijke status. In Cándani's romans *Oude onbekenden* (2001) en *Het huis van as* (2002) is het drama in beide gevallen gefocust op de kleine wereld van gezin en familie. In *Oude onbekenden* brengt de hoofdpersoon, een jonge vrouw van Surinaams-hindoestaanse afkomst vanuit Nederland, waar ze werkt en woont, een bezoek aan haar vaderland Suriname. Ze zoekt naar de oplossing van vragen over het gezinsleven in haar vroege jeugd. In haar herinnering werd dat leven bepaald door de eenvoud van het districtsleven, midden in de natuur. Je zou kunnen stellen dat Surinaamse schrijvers het ware leven in al hun perspectieven beschrijven omdat alles wat zich rondom ons manifesteert juist om de hierboven beschreven thema's draait. In Nederland zijn Surinaamse schrijvers steeds op tendentieuze wijze *gelabeld*. De Surinaamse literatuur past nu eenmaal niet in de hokjes van de Nederlandse literatuur. Zoals de reguliere, voortvliedende literaire maalstroom zich in in Nederland beweegt gaat dat in Suriname zeker niet. In Surinaamse romans zijn de hoofdpersonages doorgaans geen kosmopolitische burgers die zich conform de personages in de romans van Albert Helman, Simon Vestdijk en Slauerhoff gedragen. Ze bewegen zich niet stoïcijns voort, maar ze volgen onbeholpen de Surinaamse tred alsof ze in een slecht geregisseerde soap van een Surinaamse familie of

Surinaams gezin figureren. Van enige verwantschap met de Nederlandse literatuur is vooralsnog geen sprake, waarmee ik beslist niet wil beweren dat het de Surinaamse schrijvers niet lukt om sfeer, verhaalcompositie, spanning en intrige op een magistrale wijze te verwoorden. Maar de traditie blijft voor hen wel een heilig huis. Volgens het standpunt van de Surinaamse lezer zou het voornamelijk om het verhaal moeten gaan en niet om de taal. De werken van Astrid Roemer worden dan ook uitsluitend gekocht en gelezen door Surinamers die deel uitmaken van de zogeheten emotionele markt. Naast deze uit de traditie voortkomende beperkingen hebben Surinaamse schrijvers voornamelijk last van een ongunstige marktwerking en van de dubbelzinnige respons van de Nederlanders. Als deze laatste niet ongeremd negatief en bagatelliserend is, doet hij zo overdreven pro-Surinaams aan, dat het lijkt alsof de luid bejubelde Surinaamse schrijvers geheel kritiekloos naar de toppen van het overweldigende succes worden geschreeuwd. Leo H. Ferrier die na twee indrukwekkende publicaties bij De Bezige Bij door de vergetelheid werd opgeslokt heeft in zijn roman Atman de grenzen tussen literatuur en filosofie doen vervagen. Hij hanteerde reeds in zijn eigen tijdgeest schrijfwijzen en montage technieken die je ook in de hedendaagse, moderne literatuur tegenkomt. Bij Ferrier ging het niet om de werkelijkheid maar om beschrijvingen die de suggestie wekken de werkelijkheid weer te geven. Deze schrijver gaf op het literaire gebied een dialectisch moment te zien van een synthese tussen de imaginaire en het reële. De samenhang is door betrokkene aangebracht als iets dwingends. Terugkerende motieven als schijn en werkelijkheid vertakken zich in zijn roman als in een theater van verbeelding en occult realisme. Bea Vianen bouwde in de jaren zeventig een aardig oeuvre op via uitgeverij Querido. Haar romans vormen een vrolijke veldtocht tijdens welke zeer ernstige zaken die zich voltrokken in het oude Suriname zijn afgeschilderd. Vianen was een architect van een eenvoudig realisme dat zich rechttoe-rechtaan ontwikkelde middels een reeks anekdotes en Surinaamse sfeertekeningen. De Surinaamse realiteit was voor haar het product van de verbeelding. Soms betrap je haar erop dat de verbeelding in haar romans nooit volledig wordt beheerst door de drukkende Surinaamse realiteit. De waarheid kon alleen worden ontdekt door schijnbeelden te ontmaskeren zoals je die ziet in Het Paradijs van Oranje. In de roman Ik eet, ik eet tot ik niet meer kan staat niet de vernietiging van het burgerlijk bewustzijn centraal maar de ontwrichting en de verhaalcompositie van het sociaal engagement. In deze roman is de onbevangenheid in menselijk gedrag ingeruild voor berekening en manipulatie. Vianen had als taak op zich genomen om de woordenwereld om te zetten in een begrijpbare werkelijkheid. Haar uitgangspunt was dan ook: als de literaire tekst van mij geen aanwijsbare aanleiding geeft om iets te beweren moet de criticus zijn opmerkingen beter voor zichzelf houden. Men kan over Vianens roman van alles beweren en met elkaar uitwisselen , zij is tot slot een schrijfster die er bij uitstek in geslaagd is het leven in Suriname met daarin de culturele contrasten én harmonie in een vertelperspectief bijeen te brengen . Van dit principe uit kom je als lezer soms tot heel gedetailleerde beschrijvingen zoals in de roman Strafhok. Je zou kunnen zeggen dat Vianen uitgebreide leesverslagen over het leven in Suriname en van Surinamers leverde, breedvoerig geargumenteerd. De literaire teksten in haar romans kun je ook als een eiland beschouwen dat geen verbindingen onderhoudt met de oorsprong, de schrijfster dus aan de ene kant en de lezer aan de andere kant. Bea Vianen die tussen alle bedrijvigheden door ook een paar gedichten publiceerde in Tirade en De Gids creëerde ook in dit genre klankrijke opsommingen: breed en welluidend maar weinig karakteristiek. Het kan gewaardeerd worden als een goed gemiddeld van de Surinaamse tijdspoëzie. Albert Helman is door critici aangeduid als de nestor van de Surinaamse letterkunde. Deze auteur was een vreemde doks (= Surinaams voor eend) in de bijt. In Nederland figureerde hij meer in het gezelschap van grootheden als Simon Vestdijk, Slaurhoff, Nijhoff etc. en redigeerde samen met Vestdijk het letterkundig tijdschrift De gemeenschap. Zin oeuvre dat hoofdzakelijk door Querido en Nijgh en Ditmar werd uitgegeven wordt gekenmerkt door vurigheid, eruditie en gestrengheid. Zijn dichtbundels Semi Finale en Gebed voor ezels behelzen een wijze van spreken met bevallige en zielroerende woorden. Het is geen poëzie van een onweerstaanbaar bezielde maar de dichtkunst van een bekwaam beoefenaar die zijn goede, poëtische ogenblikken kende. Deze dichtbundel getuigt van een strak betoomde uitgelatenheid die door de vindingrijkheid van de woordkeus en de geringe zeldzaamheid van het onderwerp bijzonder scherpzinnig aandoet. De verzen zijn glad en sierlijk en bijzonder aangrijpend door de oorspronkelijkheid van denkbeeld of gevoel. De poëzie van Helman vertoont als geheel een rijkere verscheidenheid van stof en een fijnere schakering van vormen dan de Surinaamse dichtkunst doet vermoeden. Zijn dichtbundel heeft genoeg zwelling en gloed om de lezer mee te slepen in de ademtocht van de dichter. In de romans De Medeminnaars en Aansluiting gemist van Helman wordt een wereld getoond van herkenbaarheid en vervreemding veroorzaakt door geheel uiteenlopende visies op schijn en wezen van de werkelijkheid. De auteur probeert een evenwicht te vinden tussen herkenbare werkelijkheid en verbeelding. Die moet gelijktijdig geloven in wat hem voorgeschoteld wordt en neemt dan ook gelijktijdig een kijkje in de keuken van het proces van de structuur. Het realisme in deze roman is dat het ook is zoals het is maar er wordt door de schrijver wat opgelegd. Hij geeft er een switch aan en verandert er iets aan. In het gehele oeuvre van

Helman gaat de aandacht voor structuur en vorm nu juist om datgene wat voor hem het allerpersoonlijkst is zó over te kunnen brengen dat de lezer begrijpt wat hij bedoelt. Hij probeert een eenheid te scheppen in alles wat je om je heen ziet , orde op zaken te stellen die achter de feiten ligt, een soort wereldbeeld, een levensbeschouwing maar dan concreet middels onderzoek van situaties , het blootleggen van een waarheid zoals de schrijver doet in de romans' : mijn aap lacht en mijn aap schreit. Inherent aan de opvatting over literatuur bij Helman betreft zijn afkeer van het directe engagement , zijn opvatting dat literatuur een middel is tot maatschappelijke verandering. Helman kent de literaire vormen van verrukking en van het scheppen, de hardnekkige strijd om via het juiste woord door te dringen tot aan de grenzen van het onuitsprekelijke. Voortdurend probeert de schrijver de toevalligheid van wat hij onder handen heeft, het bijzondere van z'n materie te tillen in de algemeenheid van de vorm. Daar ligt de boodschap. Op welke hij het doet, welk materiaal hij heeft, is in wezen secundair. Vorm is bij Helman een zodanige wisselwerking tussen deel en geheel dat de vraag naar het hoe en waarom niet zwijgt en ook niet zwijgen wil. Helmans' romans' : "Afdaling in de vulkaan ", "De Ranchos's der X-mysteries ", "Het vergeten gezicht "en "Zusters van liefde " doen niet vermoeden dat er een meesterlijke Surinaamse schrijvershand aan te pas zou zijn geweest. Bij hem zie je de wisselwerking van in jezelf kruipen en bij de gemeenschap willen horen. Hij speelde een rol in de Surinaamse gemeenschap en had tegelijk een sterke behoefte aan andere leefgemeenschappen zoals Mexico waarin voornoemde romans' gesitueerd zijn. Wat mij aantrekt in zijn manier van schrijven is het enorme plezier om verder te vertellen wat je leest, om verhalen te vertellen over hoe mensen met elkaar omgaan. Dat wisselde hij af met betogen en met het poneren van stellingen. In deze romans' die los van elkaar gelezen kunnen worden wordt een land als Mexico alwaar de auteur zich vanwege diens journalistieke baan gedurende enige tijd ophoudt, doorgelicht in al haar maatschappelijke facetten en dubieus politieke processen. Alles wordt erin de revue gepasseerd en niets wordt aan het toeval overgelaten. Als lezer wordt je erin meegesleept door de spanning van de vertellingen, de schoonheid van de beelden, de helderheid van het betoog. Het zijn boeken waarin traditionele vertellingen moeten laten zien welke conventies daarin een rol spelen en de functie van de desbetreffende conventie is. Ze wekken de suggestie een synthese te willen aanbrengen tussen experimentele schrijfwijzen en geaccepteerde literatuurconventies, kennelijk uit de behoefte zich niet te ver van een potentieel lezerspubliek te verwijderen. Ik denk zelf dat het bij Helman meer ging om het uitproberen van de mogelijkheden en onmogelijkheden van taalvormen. Bij hem ging het voornamelijk om experimenten in de vertelstructuur waarbij de manipulaties met het verhaalverloop niet werkelijk principieel van aard is. Je kunt die romans blijven lezen omdat ze telkens vanuit een ander perspectief gelezen, nieuwe sporen opleveren. Hij is een schrijver die het realisme in de literatuur in de eerste plaats als het effect van een code beschouwt. Hij had al lang het idee opgegeven dat literatuur een spiegel van de werkelijkheid zou zijn, of een mogelijkheid om er gevoelens in tot uitdrukking te brengen. Misschien klinkt dit als een welzijnswerkersformule maar literatuur had bij Helman weinig met troost te maken maar meer met distantie. Hij veegt juist de vloer aan met het idee van onmiddellijkheid: de illusie dat persoonlijke emoties onmiddellijk zonder haperen in taal kunnen worden omgezet. Ik wil niet zeggen dat literatuur niets te maken heeft met gevoelens, emoties of ervaringen maar de opvatting dat literatuur troost zou kunnen bieden zou voor Helman te vaag zijn. Deze opvatting zou voor hem te veel berusten op het dogma van de inleefbaarheid, invoelbaarheid en herkenbaarheid. De uitweidingen over Mexico, het gezinsleven waarin de schrijver vertoefde, de beschrijving van het Mexicaanse milieu , de grootgrondbezitters etc. doen mikken op de mythe van een schrijver die een paar jaar verloren ging in een anonieme massa ver buiten Suriname. De beschrijvingen van Helmans' fysionomie werden stijlfiguren die hem het sprookje een succesvol schrijverschap in de hand werkte. Het journalistieke portret over Mexico bewaarde voor Helman het geheim dat behoorde tot de leefwereld van een groot schrijver. Trefossa is een klassieke Surinaams-Creoolse dichter die binnen de Surinaamse letterkunde geprezen wordt als een vernuftige dichter van het genre dat rijk zou zijn aan kunstvaardigheden. De redeneringen die de pleitbezorgers aanhalen om hun opvatting te staven wekken omtrent de kunstvaardigheid van deze dichter geen hoge verwachting. Trefossa richtte zich tot de onderdrukten in zijn tijd, tot achtervolgden en stelde zijn heroïsche moed als voorbeeld. Hij werd om zijn gedichten misschien de meest beminnelijke van zijn koloniale tijdgenoten. Minder dan bij de andere dichters was bij Trefossa het hart verdord door de vreugdeloosheid van het kolonialisme dat als zeer benauwend en bedrukkend werd ervaren. Zijn sonnetten verheerlijken de vrijheid der ziel die een vrucht van zelfverloochening was en doet vermoeden dat de dichter een melancholicus was wiens weemoed zich ongedwongen uitsprak in de betekenis van het woord zelf. Door veel eruditie gevoed bereikt het kolonialisme in zijn werk een strakheid van vorm en rijpheid van toon. Trefossa was in zijn poëtische nijverheid een mysticus die ijverig waakte tegen de bezoedeling zijner innigste dromen.

Antoinette De Kom is binnen de Surinaamse letteren eveneens een aparte figuur. Zijn poëzie vond zijn weg in het avant-gardistische literaire tijdschrift

Revisor. De Kom schrijft met groot welbehagen, geheel verdiept in het spel van klanken en verbeeldingen. We hebben hier te maken met een groot natuurlijk dichter die de lyrische impressies met een meesterlijke subtiliteit bespeelt. Als lezer laat je in zijn verzen meeslepen door de zinnelijkheid van diens symfonische klanken. De woorden van deze dichter hebben een niet te ontwarren betekenis en zijn onafscheidelijk verbonden met de lege natuur, een beletterde ontroering die door de geest van de letter wordt opgezogen zoals vloeipapier dat inkt opzuigt. Het zijn onherkenbare emoties, verloren, vreemd aan zichzelf, verstrooid maar toch aanwezig. Shrinivasie is een dichter wiens poëzie in de jaren zeventig de levensadem van de ware Surinaamse poëzie vormde. De in zijn verzen vertolkte gevoelens zijn even transparant als de dichtvorm die water helder is en eenvoudig als een kinderhart. In elk vers zitten zwaaiende volzinnen met soms slaande rijmen en een pathetische zwelling, hoewel Shrinivasie doorgaans koos voor een rijmloze improvisatie van ongeveer dezelfde lengte. Hij is in zijn poëtische ambacht een goedgeluimde ijverige dichter die zijn innigste gevoelens zonder schroom onder woorden kon brengen. Hij heeft geen beeldjes in zijn verzen gebracht maar levende dingen. Alles verraadt zijn herkomst uit een echt dichterlijke ziel. Shrinivasie had eigenlijk nooit een literaire kring gevonden waarin hij als dichter kon gedijen. In een land als Suriname blijft het moeilijk om een betrouwbaar beeld te ontwerpen dat een geestelijke beweging uitdrukt. De gedichten van Shrinivasie kunnen enkel en alleen door hun techniek een emotioneel effect oproepen zonder dat er een emotionele impuls is die zijn vers zou kunnen doen bederven. Het schrijvend beeld in zijn verzen lijkt te zijn ontstaan uit een verstrooidheid van de geest en uit een felheid van weinigzeggende impressie. Het lijkt ook alsof de dichter alle wetten van de logica tart en daarbij toch in staat is om een cerebraal spel op te voeren. Hoe machtiger zijn werk hoe gezwollener de retoriek die men zich als lezer moet laten welgevallen.

Hugo pos heeft evenals Albert Helman een enorme staat van dienst gehad binnen de Surinaamse samenleving. Als literatuur recensent verbonden bij het Parool had hij in 1973 Geert van Oorschot van de gelijknamige uitgeverij ertoe kunnen bewegen een themanummer van het letterkundige tijdschrift Tirade te wijden aan de Surinaamse literatuur waarover de uitgever zich later er volgt over uitliet: "ik wens niet nog een keer de mist in te gaan met de uitgave van weer zo'n nummer ". Pos heeft zich als dichter van o.a. kwatrijnen ook erg verdienstelijk gemaakt. Dat wat hij schreef was eenvoudig en weerspiegelde het gemoed in haar volle, vrolijke en zelfs naakte gedaante. Zijn zielsuitstortingen zijn van een uiterste verfijndheid en bekoren je als lezer daardoor. Het vormgevoel in zijn poëzie is overweldigend en kristalliseert zich in een zuivere prosodie. Zijn gedichten zijn speels, licht geaffecteerd, hebben de wijze klanken van een blije muziek waarbij de heldere kleuren het leven in dingen wekken. Pos was een verrukkelijke mooi-ziener die buitengewoon scherp opmerkte en de gave bezat om iemand gauw-eventjes humeurig te maken met een paar rake woorden. Astrid Roemer die begiftigd is met een rekenkundige reeks aan voornamen liet zich binnen de Surinaamse letteren zeer vroeg kennen als een jong talent en vertegenwoordigde daardoor een uitzonderingsgestalte. Ze creëerde voor haar tijdsgeest een nieuwe smaak. In deze ingezette noviteit is zij zeer ver kunnen gaan middels publicatie van een trilogie bij de arbeiderspers alwaar ze middels interventie en lobbyen van Van Kempen terecht kwam. Astrid Roemer heeft ten aanzien van haar sprankelende taalverheffing op papier een verbluffende overeenkomst met de Iraans-Nederlandse schrijver, Kader Abdollah. Hun spreektaal doet niet vermoeden dat er uit hun pen een taal zou kunnen voortvloeien die de dingen doet cultiveren en onder een scherper, stelliger glans plaatst alwaar hun aanzien omlijst wordt door de kleuren van een ganzenprent. Ze komen niet overeen met een bepaald gevoel maar zijn zelf de gevoelens van het levenloze. Roemers' romans laten zich kenmerken door een verfijnde sfeerschepping waarmee zij de lezer doet verrukken en haar voert naar een klein heelal van kleurige helderheid waar het altijd bamis blijft ook al is het er volop zomer. De lyriek is in haar werk versmald tot schrandere gevoeligheden waarbij geen storm raast over de bladzijden. Voor zover er bij ontstaan van haarproza sprake kan zijn van een literaire bewogenheid drukt deze zich toch meer uit in de algemene sfeer dan in een precieze vorm die uitsluitend in de Surinaamse literatuur past. Anil Ramdas is een absolute aanwinst geweest binnen de Nederlandse letteren. Hij is een essayist geweest van een zeer godvruchtige waarneming, met een zeer verbijzonderd journalistiekgevoel dat gold als de aanvaarding van de schoonheid der geschapen dingen. Wat de alledaagse waarneming was voor andere Nederlandse analisten was voor hem kennis der cultuurgeschiedenis. Hij had een onweerstaanbare oorspronkelijkheid van zienswijze met een welbewuste gekunsteldheid van zegswijze. Met zijn essays' schonk hij nieuw leven aan de heersende volksballade en bracht een verzuchting onder woorden. Hij zong zoals elke vogel zingt maar schoot met zijn woorden diep door als een zeer welluidend schietgebed. Zijn analyses waren plastisch en zeer scherp in beeld. Ramdas' analyses neigden naar het absolute en brak daarom opzettelijk en dikwijls krachtig met alle betrekkelijkheid van prosodie of ritmeschema. Hij trachtte met zijn prozadebuut Badal de paradox te bereiken van de on-formuleerbare klaarheid, de woordloze taal, de redeloze zielservaring maar voelde zich in de vaart daarheen belemmerd door het feit dat een mens slechts schijnbaar zingt als een vogel en helemaal niet murmelt als een bergbeek. In bijna de hele roman harmoniëren zich spontaan de tegenstrijdigheden van liefde en dood, van genot en vergankelijkheid. Dit wijst op een spitse levensbewustheid die haar uitweg zoekt in het contrastenspel van woord en klank, begrip en muziek, vastheid en ritme. Een uitweg naar hogere bevrijding dan dat die enig bekend genot verschaft, een uitweg naar de metafysische lyriek. Benny Ooft, een tijdgenoot van Shrinivasie, werd in de jaren zeventig erg populair met zijn roman avonden aan de rivier. De reden waarom deze roman zulke hoge ogen gooide zou het best verklaard kunnen worden door de bewonderaars zelf. Ooft schuwde kennelijk het aller middelmatigste niet en ging als een ijveraar zijn lyrische impressies, hoe troebel ook en overladen door een aandrang van gedachten en gevoelens, zitten uitschrijven. Zijn onvermoeibare hartstocht en werkkracht werden zeker door een enorme stuwkracht gedragen maar als schrijver bleef hij een nar in de grondverf. Nederlanders die vanuit Nederland naar Suriname gingen om er op scholen Nederlands te verzorgen kregen een lawine van kritiek over zich heen gestort als een enkeling uit die kring het waagde zich kritisch uit te laten over de literaire kwaliteit van het in eigen beheer uitgeven on- geredigeerd werk. Strikt genomen getuigt het werk van een enorme literaire flauwiteit waar ieder sprankje vernuft in ontbreekt. Er wordt erin geconverseerd over koetjes en kalfjes zonder dat de lezer enige karakterschets van de personages terug vindt. Geen ogenblik stijgt het gesprek aan de rivier zoals het in de roman beschreven staat tot het niveau van een cultureel of filosofisch onderwerp. Nergens waar er een oorspronkelijke of zelfs maar draaglijke gedachte te berde wordt gebracht. De personages ontspannen zich erin in ware onnozelheid en amuseren zich met hun labberzieke vertellingen. Het verhaal is in z'n geheel suf van algehele geestloosheid, stompzinnig, idyllisch, lomp en toch weer naïef, verachtelijk van leegheid maar zeker aantrekkelijk om de familiariteit. De taal waarmee de personages in de roman converseren is weliswaar esthetisch gevormd maar is er wel één van een overrompelend gemoed. Het eindresultaat is een gematigde vertelling aan de Surinaamse kabbelende wateren waarin het ruimtelijke en lyrische verschrompelen tot een taalgewrocht. Thea Doelwijt maakte in de jaren zeventig furore als (toneel)schrijfster van onder andere het kinderboek Kri Kra dat als leesgenot voor volwassenen moest dienen en het revolutionaire toneelstuk Land te koop dat in heel Nederland werd opgevoerd. De laatste jaren houdt zij zich samen met de schrijfster en dichteres Astrid Roemer bezig met lesbisch vriendelijke theateropvoeringen waaronder buiksluiter etc. Een enkele keer poseerde zij ook in haar hoedanigheid als literatuur recensente voor de Ware Tijd als voornoemd waarin zij de schrijvers eerder powerde dan een kritische noot bij hun werken durfde te plaatsen, kennelijk uit angst niet meer aardig gevonden te zullen worden. In de glimlachende montere doodsheid van haar oeuvre huist zich een edele leegte die voor een volheid werd aangezien. Kennelijk was dat een werkhypothese om een eenheidsbesef in het eigen geweten te brengen. Rodney Russel was een smaakvol, kunstzinnig en buitengewoon artistieke schrijver te noemen ook al had hij nooit iets in boekvorm weten te publiceren. Echter vreemd voor iemand die zijn literaire teksten kwijt kon in de gevestigde Nederlandse literaire tijdschriften. Daardoor zou hij moeten riskeren dat er bij hem onverwijld een literaire uitgeverij op de stoep stond. Van Russel verschenen werken in onder andere Podium , Tirade en De Gids. Hij schitterde met proza teksten die zich onderscheidden op eendere wijze als waarop de auteur zelf uit de toon viel te midden van de vlotte causeurs in de Surinaamse literaire salons. Russels' werk getuigt van een absolute bloemrijkheid in taalvondst : hij mat zich zelf het aantal woorden toe dat een bepaalde gedachte precies zou moeten uitdrukken, nog vóór die gedachte er was. Zijn woorden drukten niet alleen het naakte idee uit maar door het spel van de verschillende betekenissen (etymologische, populaire, wetenschappelijke) in de literaire teksten ontstond in het geheel een harmonie. Russel had het op de syntaxis zelf gemunt die deze latente auteur een nuttige verfijning deed toeschijnen. Rodney Russel zou binnen de Surinaamse letteren uitgegroeid kunnen zijn tot de meest succesvolle literaire schrijver indien hij niet terecht was gekomen in een positie van een mistroostig asceet. Corley Verlooghen die als Surinamer presteerde in Zweden in het Zweeds muziekles te geven verdient enkel hierom een eerbetoon. Hij schreef gedichten die getuigden van een zorgvuldige compositie. Bij Corley Verlooghen openbaarde het dichterschap zich eerder als een algemene levenskracht dan als een bijzonder scheppingsvermogen. Zijn poëzie was de begeleidster, niet de draagster van al zijn inspiratie. Zijn leven zelf was een pleidooi voor het dichterschap en wel voor het dichterschap binnen de Surinaamse maatschappij. Hij was een man van de wereld, zijn poëzie daarentegen oorspronkelijk en bezield. Hij had vat op een heldere bewogen taal waarin hij gemoedsoverweging wist uit te drukken. In feite sleet hij belijdenis-poëzie in een secundaire vorm: geen onweerstaanbare zielsopenbaring maar waardeerbare karakteronthulling. Hij bezat binnen de Surinaamse letteren toch een uitzonderingspositie.

De dichters Jules Niemel en Gerrit Baron vertonen een parallel in hun poëtische toebereidselen. Hun poëzie bevat eenzelfde, zwaarmoedig-romantische betekenis van onmacht en hunkering die door hun collectieve schrijfstijl niet wordt overwonnen. Deze dichters bezingen in hun werk op dezelfde wijze hun vaderland en de schoonheid ervan die de lezer met het tijdelijke verzoent en haar tegelijk ervan vervreemdt. Hierdoor wordt het poëtische beschrevene een afglans en niet de gloed zelf. Sommige gedichten vertegenwoordigen een brede retoriek, de rollende geschiedenisbeschouwing van Suriname , een oppervlakkige metafysiek en enige daverende stuwkracht. Het Surinaamse nationale leven wordt hier en daar omgeroerd tot op de bodem. De tot heden bestaande orde van gedachten verbrokkelt en zinkt weg in het verleden. De dichter Bhai (pseudoniem van Dr. James Ramlal) is een kunstenaar in het herscheppen en bezielen van hartstochten, stijgend naar het toppunt van het mensdom. De schijnbaar verwikkelde draden in zijn poëzie vatten de grootste synthese samen die het leven en de toekomst over hoge wateren heen drijven. Hij is hiermee een spirituele dichter die geïnspireerd is door de Indiase vedante filosofie.   Zijn poëzie moet je herlezen om er vat op te kunnen krijgen. Zijn artistiek individualisme zocht een maatschappelijk verlengstuk in een anarchistisch socialisme. Zijn lyriek streefde naar een zuivere weergave van zijn filosofische ervaring. Zijn dichtkunst is een persoonlijk verkeer met geheimen waarin vage stemmingen van devotie de berijming van algemeen erkende waarheden uit het complexe leven bloot leggen. Het gevaar bij zo'n esthetisch mysticus blijft niet onopgemerkt omdat er een fris natuurgevoel en een verfijnde psychologie aan verbonden is. Bhai's poëzie is een proces van vereniging van gevoelens, een loutering van de smaak, een verheviging van persoonlijke spirituele ervaringen.

Julien S. Wit die in Nederland berucht werd vanwege de colportage van zijn poëzie in treinen lijdt het hevigst aan zichzelf. Hij onderging met geheel zijn wezen de onrust van de wereld. Het persoonlijke boeide hem zozeer dat de boei hem ondraaglijk werd. Hij begon te lijden aan zijn bestaan en koelde hij zijn gedachten met dit lijden. Vandaar dat zijn dichtwerk vervuld is van een kreunend verlangen naar ruimte, hoewel niet in fysieke zin. Zijn zenuwachtige gevoeligheid voor de reacties van de eigen ziel wierp hem herhaaldelijk terug op hemzelf. Zo is hij een door zichzelf opgejaagd mens wiens angst de levenslust nog maar alleen verwacht van het volstrekt bovenzinnelijke. De zucht naar innerlijke bevrijding wordt in zijn poëzie tot onverzadigbare honger verhevigd. In zijn revolutionaire grillig-orkanische versvormen verenigt hij een natuurlijke luchtigheid met een verfijnde kunstzinnigheid.

Rafael Dobru wist als dichtende politicus zijn hartstochtelijk nationalisme te binden aan politieke baatzucht en chauvinistische kleingeestigheid. Hoe hartstochtelijk omstreden ook bleef hij echter steeds zichzelf. De kern van zijn sterke persoonlijkheid en van zijn poëtische inspiratie lag in het aanvoelen van het leven van de Surinaamse mens als een wezenssiddering. Helaas liet dit krachtige gevoel zich vaak uitdrukken in een vulkanische taal die zelfs door de gunstige beoordelaar als onzuiver krachtig werd aangeduid. Het vers op zich was hard en hobbelig en getuigde van een enorme onverschilligheid voor vormverfijning. Dobru's poëzie wordt voornamelijk door zijn exalterende vorm vereeuwigd waardoor die met een sterke taalbeheersing niet verzoenbaar is. Overweldigd door gevoel stelde hij zich met het luidste woord tevreden omdat hem alle taal te zwak leek voor de weergave. Echte have gedichten vindt men in zijn bundels niet, de retoriek is overal te hoorbaar, breedsprakig, oppervlakkig en even fel als driftig. Zijn vers is verwant aan waarachtige Surinaamse volkspoëzie en het is doodeenvoudig.

De dichters Jit Narain Baldewsingh, Rabin Baldewsingh, Chytra Gajadin, Raj Ramdas, Charietje Choennie etc. zijn dichters die voor hun poëtische nijverheid gelijktijdig gestoomd en gelijksoortig geprogrammeerd zijn door de Haagsche Hindostaanse discussieclub Jumpa Rajguru. Hierdoor pretenderen zij architecten te zijn van een zeer jonge, aan de Hindoestaanse cultuur gerelateerde sarnami literatuur. Ze hebben zich vanwege de door hen als dominant ervaren Creoolse culturele hegemonie teveel moeten bezighouden met hun wankele positie, reputatie en aanzien. Je kunt in hun nabijheid haast de sfeer inhaleren van het door hen gestreefde grootse. Is er ooit sprake geweest van een Hindostaanse cultuur in Suriname? Critici hebben vaak opgemerkt dat deze categorie dichters zich het meest laat omringen door een kudde angsthazen met angst voor het mogelijke verdwijnen van de Hindostaanse cultuur.Hierover kunnen de meningen sterk verdeeld zijn en kunnen er diverse verklaringsgronden voor worden aangedragen.

De cultuur die men pretendeert te hebben is een dialectisch aftreksel van de cultuur uit India die in Suriname een eigen leven is gaan leiden. De wijze waarop de Indiase cultuur in Suriname wordt beleden verschilt hemelsbreed met die in India, zelfs indien er rekening mee wordt gehouden dat de onderlinge cultuurverschillen in India zelf reeds bij het passeren van een rijstveldgrens te bevoelen zijn. In dit opzicht kan de Surinaamse Hindoestaan enkel met trots claimen een ongekende variant van de Indiase cultuur te beheren en te bewaken. De Surinaamse Hindoestaan is in deze geen drager van de Indiase cultuur maar slechts een importeur en distributeur ervan, d.w.z. van een garf aan arbitraire culturele toevalligheden. Er zit absoluut geen consistentie in omdat een ieder wat maar in alle willekeur zit in te vullen en het eindresultaat presenteert als een vondst. De sarnami literatuur gaat aan dit euvel ten onder. Hierdoor zijn de sarnami dichters genoopt zich met de gevoelens en voorkeuren van de doelgroep te vereenzelvigen. De individualiteit gaat schuil in de massa en volgt haar getemperde beweging. De taal wordt daardoor traag en zeurig. Ook hier is een emancipatie nodig wil de gloed der ziel niet langzaam uitdoven.De verzen die door dit gilde worden uitgebroed worden in hun groeiproces gehinderd door een banale thematiek en een regen aan dito woordkeus. In hun woordenvloed valt er weliswaar een gemoedsweelde te onderkennen welke bij de ene schraler blijft dan bij de andere. Het is een zwijmelende droefheid, vol idiote verrukking en geluksverwachting. In hun thema moet de moraliserende didactiek de kwaliteit in evenwicht zien te houden ook al is het vers daardoor rijk aan rek en sentiment. Veelal zijn de sarnami dichters niet geoefend, zijn ook niet op zoek naar het moderne maar stellen zich tevreden wanneer zij een andere kunnen nadoen. Toch blijft het geheel aan woordenrijkwerk in de volle breedte ontsierd ten gevolge van allerlei technische zwakheden. Binnen de sarami cultus heeft de literaire nijverheid niet echt gebloeid maar leverde enkel dilettantische beoefenaars op die ingelijfd wilden worden bij het schrijvers-en dichtersgilde. Zij hopen als geheel genomen een rijke verscheidenheid van stof en een fijne schakering van vormen in de sarnami dichtkunst te kunnen doen verrijzen hetgeen tot op heden geen van ze is gelukt. Het geluid van de sarnami poëzie klinkt zelfs in de oren van hun doelgroep parochiaal. Deze dichtersgroep karakteriseert de overvloedige soort poëzie die gauw doet vermoeien maar net niet als volslagen waardeloos ter zijde kan worden geschoven. Het is naïef en kleurig, eerder beminnelijk door zijn dorps primitivisme dan verachtelijk om haar geringe overtuigingskracht.

Hoofdstuk VIII

Nationale cultuur en identiteit in de Surinaamse literatuur

De *natiekwestie* binnen de context van de Surinaamse literatuur is een entiteit waar er niet aan voorbij gelopen kan worden. De verscheidenheid aan culturen en etnische groepen brengt naast de rivaliteit op de maatschappelijke ladder ook verschillende opvattingen en ideologieën met zich mee. Deze polarisatie doet de omschrijving van wat echt Surinaams is, mank lopen. Toch zijn er Surinaamse schrijvers geweest die hun etnische verscheidenheid ten spijt, een verwoede poging hebben gewaagd de Surinaamse roman een nationale identiteit mee te geven. Neem als voorbeeld de roman *Strafhok* (1972) van Bea Vianen, waarin zij de verboden en omstreden relatie tussen een Hindoestaanse onderwijzer en een Javaanse ten tonele voert. Terwijl de Surinaamse samenleving, pijnlijke scheuringen en tegenstellingen vertoont, de meeste etnisch bepaald, zwelgt zij in haar beschrijving van een diepgewortelde maatschappelijke tegenstelling. Elk Surinaams literair initiatief om de eigen identiteit te versterken legt zijn eigen accent, maar dikwijls op de verkeerde lettergreep. De ene identiteit wordt de hemel in geprezen, de andere wordt verwenst. In de Surinaamse maatschappij verzet niemand zich tegen het beeld van groepen Surinamers die tegenover elkaar staan als onverzoenbare cultuureenheden. Maar er zijn schrijvers die daar een idyllisch landschap omheen verzinnen. Wijlen Edgar Cairo deed dat bijvoorbeeld in zijn roman *Collectieve Schuld*. Het discours over *'wat we zelf doen, doen we beter',* fungeert in zijn roman als glijmiddel om het standpunt aanvaardbaar te maken. Dit omwille van de competitiviteit. De revolutionaire dichter Ravales Dobru heeft niet alleen met de Surinaamse vlag gezwaaid maar ook met de Nederlandse. Dat lijkt misschien tegenstrijdig maar dat is het allerminst. Dobru heeft de Surinaamse diversiteit in zijn vers *wan bon*, wat zoiets betekent als *één boom,* tot een eenheid willen smeden. Helaas verwoordt dit gedicht de sociale belangen van de Surinaamse burgers niet op een doeltreffende wijze. Suriname bestaat uit besloten gemeenschappen die voortdurend versplinteren tot strikt afgebakende 'cultuurgemeenschappen'. Die ontwikkeling sluit sociale samenhorigheid vrijwel uit . Dobru heeft in zijn - iets te schreeuwerige - revolutionaire poëzie, waarmee hij zich binnen de Creoolse gemeenschap in Suriname onsterfelijk heeft gemaakt, nooit de schijnwerper gericht op het gegeven dat de meertaligheid en de verscheidenheid aan culturen het land Suriname een natierol ontnemen. Een lichtend voorbeeld van eenheid en solidariteit, een model voor de samenleving van morgen? Het tegendeel is waar. Suriname kan hooguit een 'gevangenis van volkeren' worden genoemd. Dobru's gedichten gaan aan deze harde realiteit voorbij. Is een gevoel van nationale trots de Surinamers, als Caraïbische proletariërs, dan geheel vreemd? Zeker niet! Surinaamse schrijvers doen het voorkomen alsof ze van de eigen taal, wat in dat geval nog voor eigen taal kan doorgaan, houden en uit pure vaderlandsliefde hun land willen voorzien van een democratisch en socialistisch bewustzijn. Denk daarbij aan Edgar Cairo, die zijn hele oeuvre met dit gedachtegoed heeft gelardeerd. Of aan de Hindoestaanse dichters Shrinivasie en jit Narain. Die bezingen in diverse gedichten hoe pijnlijk het is voor iedere Surinamer is om te moeten toezien hoe het land wordt gekweld en onderdrukt door de politici, de edelen en de kapitalisten. In hun poëzie is Suriname in het gunstigste geval een treurige natie, een natie van slaven, van boven naar beneden. Helaas verwerpen en miskennen de meeste Surinaamse dichters en ook anderen die zich beroepshalve met cultuur bezighouden het discours over cultuur en identiteit. Ze hollen de begrippen cultuur en identiteit uit en vormen die om tot manipulatieve instrumenten voor politieke doeleinden. Zij redeneren: we hébben al een cultuur en daardoor ook al een identiteit.

Binnen Surinaamse kringen is er een discussie aan het uitkristalliseren betreffende de sociale en culturele elementen , die moeten bijdragen tot een natievorming. Puur antropologisch bezien zou er sprake moeten zijn van een groep mensen met dezelfde zeden, achtergrond, cultuur, taal. Je zou je daarbij op z'n minst de volgende vragen kunnen stellen: hebben Surinamers in grote mate dezelfde cultuur, spreken ze dezelfde taal, hebben ze een groot deel van hun geschiedenis gemeenschappelijk? Antropologie en staatkunde zijn mooie wetenschappen, maar als de feiten die ze aanreiken niet resulteren in een nationaal gevoel, dan gaan ze aan zichzelf voorbij. Laat ons wel wezen: de gemiddelde Surinamer voelt zich meer Nederlander. Maar hij is het wel. Natuurlijk niet in staatkundige zin, dat spreekt voor zich. Men kan inderdaad verschillen aanhalen tussen Surinamers en Nederlanders maar die overleven geen generaliserende toets. Ontbreekt die antropologische onderbouw niet, dan kan er werkelijk een natiegevoel ontstaan onder de Surinamers. Het is misschien niet zo lovend, maar de moderne natievorming gaat niet meer langs romantische idealen, maar zoekt zijn weg via de economie. Antropologie is slechts een fundering geworden, waarop men een socio-economisch en politiek-culturele natie bouwt. Dat proces is reeds begonnen: op zoal alle gebieden treedt er convergentie op tussen Suriname en Nederland. Om een staat in de moderne wereld bijeen te houden, wordt het als essentieel gezien dat de bevolking een gemeenschappelijke identiteit en een gemeenschappelijk doel heeft. Dus moeten de burgers verbonden worden in hun loyaliteit ten opzichte van dezelfde instellingen, symbolen en waarden. Dit is een noodzakelijke voorwaarde tot actieve natievorming, een proces dat solidariteit kan vergemakkelijken, een positieve rol kan spelen in staatsvorming en een basis kan vormen voor participatie van het volk in politiek opzicht. Dit houdt echter niet in dat alle inwoners van de staat deel moeten uitmaken van dezelfde etnische identiteit. Nationale identiteit kan en moét in vele gevallen, eerder politiek dan cultureel zijn. Het doel van deze 'grote nationale verdeling' moet onder andere inhouden, het multi-etnisch rijk te voorzien van een regeersysteem dat het mogelijk zou maken vele verschillende bevolkingen samen in een enkele Surinaamse vorm te gieten (een proces dat men 'internationalisme' noemde), tegelijkertijd multilingualisme en de mensenrechten respecterend. De huidige Surinaamse republiek kan niet worden verondersteld als een diaspora van levensvatbare onafhankelijke entiteiten ook al heeft het land het formele uitzicht op staatsschap. Suriname is een kruitvat dat vol is van etnisch-territoriale (soms gewelddadige) conflicten. Immers, steeds zal een eventuele dominante etnische groep van dat land prediken voor één territorium, één taal eisen en haar eigenheden opdringen aan de andere ethnieën door hun onderwerping of vertrek te verlangen. Een consensus over omvang en vorm van de solidariteit tussen Surinamers zou moeten betekenen: "Hoe vriendelijker de mensen met elkaar zijn, hoe onvriendelijker de talen." Of, expliciter: Verschillende taalgemeenschappen kunnen eeuwenlang naast elkaar leven zonder dat hun respectievelijke talen bedreigd zouden zijn, behalve wanneer een specifieke levenswijze of religieuze verschillen ertoe zouden leiden dat ze heel weinig met elkaar te maken hebben. Maar zodra mensen uit verschillende taalgemeenschappen intensief met elkaar beginnen te praten, handel drijven, werken, erger nog te vrijen en kinderen te maken, dan begint de trage maar zekere uitdrijving, verplettering van de zwakkere taal door de sterkere - tenzij dit proces belemmerd wordt door het taalterritorialiteitsprincipe, het principe dat op een afgebakend territorium één enkele taal de officiële taal is, nl. het Sranan Tongo. Het territorialiteitsprincipe doet geen afbreuk aan het grondwettelijke beginsel van de taalvrijheid. Die mag alleen voor een beperkt aantal domeinen worden ingeperkt:

- het openbaar gezag en het bestuur
- de sociale betrekkingen (de relaties tussen de werkgevers en hun personeel) en de officiële documenten die bedrijven moeten gebruiken
- het onderwijs in de instellingen die de overheid opricht, erkent of subsidieert
- gerechtelijke diensten

Hoofdstuk VIV

Natievormende factoren in de literatuur

In de discussie over natievorming heb ik het een beetje nagelaten om te spreken over wat natievormende factoren kunnen zijn. Nu is dat proces van natievorming een beetje afgezwakt. Surinaamse politici zullen dus moeite hebben om na het maken van een Suriname, ook Surinamers te brouwen. De Surinaamse cultuur en identiteit waarvan we volgens Van Kempen doordrongen moeten worden, is een aberratie waar geen enkele doorsnee burger op zit te wachten. Daar waar het in het kunstmatige gesublimeerde Surinaams-nationalistische discours fundamenteel aan ontbreekt, is solidariteit. Die menselijke waarde die het tegendeel is van egoïsme, hebzucht en onverdraagzaamheid. Het is deze solidariteit die vandaag, in naam van de Surinaamse cultuur en identiteit, onder vuur wordt genomen .Een grote en open cultuur is er één die de weg van het enige eigenbelang verlaat en de solidariteit als grondslag omarmt. De term nation-building kwam in de jaren 1950-'60 algemeen in gebruik onder historisch georiënteerde politieke wetenschappers als Karl Deutsch, Charles Tilly en Reinhard Bendix. Deze term is later vertaald in 'natievorming'. Oorspronkelijk was de natievorming-theorie een zoektocht om de evolutie van Westerse staten te begrijpen. Onvermijdelijk reflecteerde deze theorie Westerse realiteiten. Maar is natievorming ook toepasbaar op niet-westerse staten zoals Suriname? Een lineaire perceptie van geschiedenis zegt dat alle maatschappijen, door de innerlijke logica van menselijke ontwikkeling, steeds dezelfde stadia moet doorlopen. Daarbij komt dat de meeste natievorming-theoretici geloofden dat de westerse maatschappij echt een betere maatschappij om in te leven was. Het was dan ook geen toeval dat deze theorie zich in de jaren 1960 ontwikkelde: de verhoogde interesse in de geboorte van staten was een antwoord op de nieuwe staatsvormingsprocessen die volgden op de dekolonisatie in Afrika. De veronderstellingen van het debat rond natievorming in het postkoloniale tijdperk van de jaren 1960-'70 hadden ook hun invloed op de post-Communistische wereld van de jaren 1990. Opnieuw zien we hoe staatsautoriteiten en onderzoekers in de nieuwe onafhankelijke landen de categorieën en terminologie van de westerse politieke wetenschap gebruiken om sociale processen in hun landen te beschrijven én voor te schrijven. President Desi Bouterse had eens het tripartiet overlegorgaan bestaande uit vertegenwoordigers van het bedrijfsleven, de vakbeweging en de overheid officieel geïnstalleerd op het presidentieel paleis. Dit politiek orgaan moet over verschillende sociale, politieke en economische aspecten in de samenleving overleg plegen. Bouterse vindt dat het tripartiet overleg een belangrijke rol moet innemen bij de welvaartspreiding in Suriname en hiernaast moet het bijdragen aan de natievorming. Bouterse: "De huidige regering beschouwt het tripartiet overlegorgaan als een belangrijk element voor de natievorming. solidariteit, eenheid en samenwerking staan in de aanpassingsprocessen centraal op weg om een innig gebonden samenleving te hebben". Het staatshoofd voegde toe dat Suriname met de toetreding tot de internationale werknemersorganisatie (ILO) eigenlijk verplicht is zaken in tripartiet verband te overleggen. Zulks was reeds in 1976 bij de toetreding het geval. President Bouterse weet verder dat bij landen in ontwikkeling die complexe vraagstukken bespreken er altijd krachten zullen zijn die vooruit willen gaan en andere die denken tegen te werken. De regering beschouwt het daarom als taak afgewogen hoogte te nemen. Het staatshoofd vindt het van niet te onderschatten belang dat de sociale partners de gelegenheid krijgen om grondig te beraadslagen over issues en een standpunt hierover in te nemen. Op grond hiervan kan de regering achteraf een besluit nemen. Een solidariteitssysteem kan daarom omschreven worden als een complex, multidimensioneel, verplicht mechanisme voor risicodekking. Hoe kleiner, hoe homogener een bevolkingsgroep, hoe groter de kans dat er een consensus bestaat over de omvang en vorm van de solidariteit. Een perfecte consensus is slechts bereikbaar wanneer de bevolking maar één persoon telt en men dus slechts solidair met zichzelf hoeft te zijn. Maar het is niet absurd te beweren dat de doeltreffendheid en legitimiteit van solidariteitssystemen vergroot zou kunnen worden door een grotere autonomie, door een grotere decentralisering langs culturele lijnen. Maar wat als er een risico is en daarbij de vraag komt hoe en in welke mate een risico gedekt moet worden. Dit zijn vragen waar verschillende mensen een verschillend antwoord op kunnen geven, en, bijgevolg, waarop het modaal antwoord heel wat kan verschillen van de éne bevolkingsgroep tot de andere. Tussen het taalterritorialiteitsprincipe als werktuig voor culturele solidariteit aan de ene kant en de territoriale autonomie langs taalgrenzen anderzijds bestaat er geen logisch bindend verband. Maar in de concrete uitwerking van een rechtvaardig solidariteitsstelsel heeft men meer nodig dan een consensus over deze abstract gedefinieerde ingrediënten. Een solidariteitssysteem verschilt van een verzekeringssysteem voor zover het niet uitsluitend vanuit eigen belang verantwoord kan worden. Iets doen uit solidariteit voor iemand die zich in een noodtoestand bevindt, is iets doen niet omdat men ooit in zijn plaats zou kunnen zijn (en dan graag op zijn solidariteit zou kunnen rekenen), maar wel omdat men bereid is te stellen dat men zich in zijn plaats had kunnen bevinden, gewoon op basis van het feit dat we tot dezelfde groep behoren : ik doe iets voor jou, niet uit eigenbelang, niet uit liefdadigheid, maar omdat jij "één van ons" bent, omdat ik me met jou identificeer. Hierdoor is Suriname een land dat met reusachtige cohesieproblemen te kampen heeft en zal hebben, een land dat niet in staat is op allerlei gebieden - politieke instellingen, stadsplanning, mobiliteit, cultuur, integratie en vooral onderwijs - intelligent te innoveren om de multidimensionele uitdagingen aan te kunnen. Hieronder volgt er , bezien vanuit diverse perspectieven, een uitleg voor.

Hoofdstuk X

Identiteitsvorming binnen de Surinaamse literatuur

Elk initiatief om de Surinaamse identiteit te versterken illustreert niets anders dan een verwerpelijk trekje van de 'Surinaamse identiteitsvorming': de ene identiteit wordt binnen de Surinaamse gemeenschap de hemel in geprezen, de andere wordt er weer verwenst. Niemand die zich verzet tegen de beeldvorming die mensen in Suriname tegenover elkaar stelt als onverzoenbare cultuurgroepen. Men aanvaardt er niet dat diverse Surinaamse bevolkingsgroepen kunnen worden betiteld als dragers van een cultuur die gekenmerkt zouden kunnen worden door gebrek aan verantwoordelijkheid ,luiheid, profijtelijk gedrag , diefstal en expansiedrang. Het discours over 'wat we zelf doen, doen we beter', fungeert als glijmiddel om die asociale agenda aanvaardbaar te maken, in naam van de competitiviteit. Behalve met de Surinaamse vlag, zwaaien de Surinaamse -nationalisten ook graag met de Nederlandse vlag. Dat lijkt misschien tegenstrijdig maar is dat allerminst. Als Surinaamse burgers hun sociale belangen doeltreffend willen verdedigen, dan doen ze dat het best in verbondenheid met elkaar. Het terugplooien op steeds kleinere en strikt afgebakende "cultuurgemeenschappen" staat haaks op de mogelijke ontwikkeling naar een sociale samenhorigheid. Suriname kan haar meertaligheid, haar verscheidenheid aan culturen niet eens aanwenden zich een kosmopolitische rol toe te bedelen. Het kan niet eens een lichtend voorbeeld zijn van eenheid en solidariteit, een model voor de samenleving van morgen. Een poging om deze houding te definiëren ten opzichte van deze ideologische stroming levert niet meer op dan dat Suriname een land is dat een 'gevangenis van volkeren' kan worden genoemd . Is een gevoel van nationale trots bij Surinamers als Caraïbische proletariërs, dan vreemd? Zeker niet! Men doet voorkomen alsof men van de eigen taal, wat in dat geval nog voor eigen taal kan doorgaan, houdt en van z'n eigen land en dat men zijn uiterste best doet een ieder te verheffen tot het peil van een democratisch en socialistisch bewustzijn. Het is voor een ieder in Suriname pijnlijk om te moeten toezien bij de kwellingen, de onderdrukking en de vernedering die Suriname moet ondergaan door de handen van de beulen van de politici, de edelen en de kapitalisten. Suriname is in het gunstigste geval een treurige natie, een natie van slaven, van boven naar beneden - allemaal slaven. Als Surinaamse burgers die beroepshalve voortdurend met cultuur - in de breedste betekenis van het woord - begaan zijn, verwerpen zij het discours over cultuur en identiteit dat hier wordt geëtaleerd. Ze hollen de begrippen cultuur en identiteit uit en vormen ze om tot manipulatieve instrumenten voor politieke doeleinden. Zij redeneren: "We hébben al een cultuur en we hébben al een identiteit".Sinds de zich een Suriname kenner wanende Michiel van Kempen die op grond van zijn dissertatie, getiteld : Een Geschiedenis van de Surinaamse Literatuur in beeld is getreden wordt er tegenwoordig ten gevolge van de door hemzelf georganiseerde symposia , alwaar hij bij voorkeur gasten uitnodigt die naar hem toe niet erg kritisch zijn, veel geredekaveld , geargumenteerd en geschreeuwd over de Surinaamse nationaliteit en vaderland! Van Kempen is er als de dood voor dat zijn dissertatie aan kracht zou kunnen inboeten indien zou blijken dat het Surinaamse volk geen natie zou zijn en er bijgevolg ook geen sprake zou zijn van een Surinaamse literatuur. Vanwege zijn inzet en ijver bezondigen diverse liberale en radicale magistraten uit de Surinaamse assemblee , een niet te verwaarlozen aantal 'vooruitstrevende' Nederlandse wetenschappers en een hele kudde officiële, kadetten- en progressieve scribenten uit Suriname en Nederland, zich aan dit agitatorische gebral en gebaren. Allen bezingen zij in duizend toonaarden de lof van vrijheid en onafhankelijkheid van Suriname en de grootsheid in het principe van de nationale onafhankelijkheid. De Surinaamse samenlevingsstructuur die als noodzakelijke basis zou moeten dienen voor een volwaardige Surinaamse literatuur, is er één van sociale ongelijkheden . Deze laten zich kenmerken door natuurlijke, biologische of aangeboren verschillen tussen individuen als zodanig .Het gaat in dat land voornamelijk iet om verschillen in huidskleur, geslacht, lichaamskracht of lengte, en ook om mogelijke verschillen in aangeboren driftsterkte, temperament of andere feitelijke of vermeende erfelijke of aangeboren eigenschappen. Het gaat dus telkens om sociaal gedefinieerde biologische, fysiologische of fenotypische kenmerken. De maatschappelijke effectiviteit van deze criteria is relatief onafhankelijk van de vraag of het werkelijke, feitelijke kenmerken gaat, dan wel om vermeende, fictieve of imaginaire (en in die zin letterlijk: toegeschreven) kenmerken. Zo is 'ras' zeker geen biologische categorie maar een maatschappelijke constructie: het waanidee dat er 'natuurlijke' rassen bestaan die zich van elkaar onderscheiden in prestatievermogen, intelligentie e.d. is een constructie van de racistische ideologie. Sociale sluitingsstrategieën kunnen dus aanknopen bij zeer uiteenlopende kenmerken van individuen of sociale categorieën. Zij kunnen aanknopen bij praktisch alle mogelijke soorten verschillen:

- raciale verschillen, d.w.z. verschillen tussen gemeenschappelijk geërfde en erfelijke eigenschappen die werkelijk berusten op gemeenschappelijke afstamming, bloedverwantschap
- etnische verschillen tussen groepen mensen die een subjectief geloof hebben in hun gemeenschappelijke afstamming op grond van

gelijksoortige fysiologische kenmerken of gewoontes of beide, of op grond van herinneringen aan kolonisatie en migratie

- taalverschillen tussen groepen die diverse heilsgoederen koesteren
- verschillen in sociale of territoriale afkomst
- esthetisch opvallende verschillen van fysieke verschijning zoals baard- en haardracht
- de gebruikelijke wijze van arbeidsdeling tussen geslachten;
- verschillen in alledaagse levensstijl zoals kleding, woongedrag, eetgewoonte, seksueel gedrag, rituele reglementering van het leven;
- en "alle andere in het oog springende verschillen"

Al deze verschillen vormen in de Surinaamse samenleving aanleiding voor afstoting en verachting van 'andersgeaarden' en - als keerzijde - van ontwikkeling van bewustzijn van gemeenschappelijkheid van de 'gelijksoortigen'. Het voortbestaan van sociale ongelijkheden in Suriname wordt gegarandeerd door de mate waarin deze feitelijk als legitiem worden geaccepteerd. Hoewel de behoefte aan legitimatie van sociale ongelijkheden in Suriname geworteld is in innerlijke psychische constellaties van de Surinaamse burgers hebben zij er steeds behoefte aan hun situatie als legitiem voor te stellen. Zij willen de "toestand van zuiver feitelijke machtsverhoudingen verankerd en geheiligd zien in een kosmos van verworven rechten". De factoren die relevant zijn voor de verklaring van sociale ongelijkheid in Suriname en het collectief handelen , zijn zo talrijk dat ze met de huidige kennismiddelen niet in deze strikte zin theoretisch kunnen worden verwerkt. Voor de logische en theoretische consistentie van 'theoretische modellen' lijkt tot nu toe een zeer hoge prijs betaald te moeten worden, namelijk een drastische reductie van de relevante factoren. Dergelijke modellen verliezen daarmee echter elke historisch-empirische verklaringskracht. Binnen de antropologie vat men de culturele identiteit zo nu en dan expliciet op als etnische identiteit. Deze identiteitsvorm heeft men na de Tweede Wereldoorlog geïntroduceerd als vervanger van problematische begrippen als 'ras', 'stam' en 'cultuur'. Een etnische groep kunnen we beschouwen als een bepaalde bevolkingsgroep. Volgens Lieve Gevers spelen bij de vorming van een dergelijke groep zowel objectieve als subjectieve factoren een rol. Mensen worden in een bepaalde etnie geboren en erven dus, of ze het willen of niet, een bepaalde etnische identiteit. Ze moeten echter wel over een etnisch bewustzijn en een engagement beschikken om die traditie te willen voortzetten. Bovendien, zo stelt Gevers, worden etnische groepen vaak gedefinieerd in termen van verwantschap en zijn ze per definitie exclusief, omdat het lidmaatschap beperkt blijft tot mensen met dezelfde aangeboren eigenschappen. F.H.C. Kemper vult aan: "Een etnische groep identificeert zichzelf en wordt door anderen geïdentificeerd op basis van kenmerken die in haar verleden wortelen." Ook Zock kan zich daarin vinden, al wijst ze nog wel nadrukkelijk op de gezamenlijke geschiedenis en culturele erfenis én op de dynamiek van de etnische identiteit. In de westerse cultuur neemt het zelfstandige en verantwoordelijke individu een centrale plaats in. Desalniettemin stellen hedendaagse psychologische theorieën dat identiteitsvorming een sociaal proces is. Een algemeen erkend inzicht in de hedendaagse identiteitstheorie betreft de overtuiging dat leden van sociale groepen verscheidene identiteiten hebben. Erikson, de grondlegger van de identiteitstheorie, meent dat een individueel identiteitsgevoel tot stand komt met behulp van een collective identity, een groepsidentiteit: "(...) only an identity safely anchored in the 'patrimony' of a cultural identity can produce a workable psychosocial equilibrium." De overtuiging van Erikson dat het Individu in staat is een consistente identiteit te vormen die een oplossing biedt van de tijdens de jeugd ondervonden problemen, wordt door huidige theoretici van de hand gewezen. Zich onder andere baserend op het werk van Pierre Bourdieu menen hedendaagse wetenschappers dat de sociale krachten die werkzaam zijn op een individu een dergelijke eenheid onwaarschijnlijk maken. Zij stellen dan ook dat men, afhankelijk van de groep waarvan iemand deel uitmaakt, in staat is een specifieke identiteit te bezitten. Omdat men bij meer sociale groepen betrokken is, bezit men ook een complex geheel van identiteiten. Bovendien kunnen leden van sociale groepen en overheden identiteiten manipuleren om zo bepaalde doelstellingen te verwezenlijken, ook wel 'identity politics' genoemd. Afhankelijk van de groep of gemeenschap waarin men zich bevindt, is het mogelijk een specifieke identiteitsvorm 'aan te trekken'. De individuele en collectieve identiteit hebben in mijn optiek betrekking op het belangrijkste onderscheid dat men betreffende dit subject kan maken, namelijk die tussen individuen en groepen. Hierbij heeft onderzoek uitgevoerd door de sociale psychologie zich vooral gericht op de individuele identiteit, terwijl onderzoek vanuit sociologisch perspectief veeleer gefocust was op collectieve identiteitsvormen. Alle specifieke vormen die ik daarna zal bespreken zijn elk in enig opzicht van de eerste twee af te leiden. Ze wijzen ofwel op een in de antropologie gehanteerde categorisatie -culturele en etnische identiteit - of op een sociologische of geografische categorisatie -lokale, regionale, nationale, continentale en universele identiteit-. Ze zijn stuk voor stuk verschillende verschijningsvormen van collectieve identiteit.

Elke maatschappij bezit een collectieve identiteit, die de deel-entiteiten overkoepelt. Volgens Erikson wordt elke identiteit gedragen door een ideologie. Hij vat ideologie op als een geheel van waarden, normen, idealen en voorstellingen over mens, wereld en transcendentie. De groep biedt een ideologische basis voor het identiteitsgevoel. Als de ideologie geen overtuigende en zinvolle richtlijnen voor het leven meer biedt, wat betekent dat de collectieve identiteit niet goed functioneert, dan zal de individuele identiteitsvorming problematisch verlopen. Een individu kan dus niet zonder een groep: de 'ik' ontstaat in de context van een 'wij' én een 'zij'. Erikson spreekt in dit verband over fidelity, trouw zijn aan wie je bent, en repudiation, afwijzing van datgene wat je niet bent, en ook niet wilt zijn. Het is deze voor identiteitsvorming noodzakelijke afwijzing die psychologisch gezien de wortel is van intolerantie. Intolerantie als geneesmiddel voor een primaire onzekerheid over de eigen 'ik', namelijk de angst voor het uiteenvallen van het zelf in een chaos waarin geen lijn meer te ontdekken valt. Anderen bedreigen de individuele identiteit, omdat zij laten zien dat er alternatieven zijn. Individuele overtuigingen en houvast worden zo ondermijnd. Door duidelijker te maken aan jezelf en anderen wie je wel en niet bent, kan het individu deze angst bedwingen. Op cultureel vlak uit dit zich in de verheffing van het eigen specifieke cultuurgoed en het overdreven en eenzijdige belang dat men hecht aan de solidariteit of verbondenheid met het eigene, die beide bijdragen aan een gevoel van nabijheid en warmte. Het onderscheid tussen wij- en zij-groepen, waarbij de wij-groep altijd als superieur wordt beschouwd, is in de sociale psychologie uitvoerig onderzocht. Daarbij valt op dat men over het algemeen de zij-groep als veel homogener waarneemt dan de wij-groep. Dat heeft te maken met stereotypen: bevooroordeelde, stereotype representaties en voorstellingen van de ander, die de sociale categorisatie en de daaraan verbonden gevoelens van superioriteit van de wij-groep in stand houden. Op het moment dat opgelegde componenten bepaald zijn door negatieve stereotypen, zoals vaak het geval is bij minderheidsgroepen, kan dit de identiteitsvorming sterk bemoeilijken. Burggraeve plaatst stereotypen en vijandbeelden in dezelfde categorie. Ze bewijzen naar zijn mening de dubbelzinnigheid van solidariteit: "De interne, promiscue solidariteit is feitelijk een extern of naar buiten gericht egoïsme, dat in tegenspraak is met enige vorm van solidariteit met het 'andere' en 'vreemde', die enkel mogelijk is als men bereid is van het eigene in te leveren en van het andere te leren. Hij vervolgt met de behandeling van de twee mechanismen door middel waarvan de ontkenning van het vreemde kan gebeuren: integratie, 'reductie van het andere tot hetzelfde', en de vernietiging door racisme. De mens aanvaardt slechts minimale verschillen binnen hetzelfde genre, zodat groepsleden relatief een sterke gelijkenis vertonen wat betreft karakter, smaak of intellectueel niveau. Op deze wijze beschermen de groepsleden hun diepliggende verwantschap. Het gevaar bestaat er echter uit dat men gedreven door dergelijke angst vervalt in het overdreven beschermen van de eigen identiteit, waarvan nationalisme en racisme alom bekende verschijnselen zijn. Elke gemeenschapsvorm bezit een collectieve identiteit. Morley en Robins typeren deze identiteitsvorm als het resultaat, door individuen of sociale groepen, van een zekere coherentie en continuïteit. Zij menen dat de samenhang van collectieve identiteit overeind moet blijven door tijd. Dat kan met behulp van een collectief geheugen, geleefde en gedeelde tradities en een gevoel van een gemeenschappelijk verleden en erfenis. Ze baseren zich daarbij deels op het werk van P. Wright, die veronderstelde dat de collectieve identiteit gebaseerd is op het (selectieve) proces van herinnering. Via de herinnering aan een gemeenschappelijk verleden kan een groep zichzelf herkennen. Bovendien moet ze behouden blijven door ruimte. De realisatie daarvan geschiedt door een complexe map van territoria en grenzen, principes van in- en uitsluiting die 'ons' definiëren tegenover 'hen'.

Cultuur vat ik op als een term die wijst op een specifieke levensstijl, zowel in algemene als specifieke zin. Deze levensstijl wordt gekenmerkt door een proces van intellectuele, spirituele en esthetische ontwikkeling die tot uiting komt in een normen- en waardestelsel, ideologie, praktijken, gebruiken en creaties van intellectuele, spirituele en esthetische/artistieke activiteit. De culturele identiteit typeer ik in dat kader als het gemeenschappelijke en dynamische patroon van normen en waarden van een groep, dat een referentiekader biedt om een groep van een andere groep te onderscheiden. Omdat ieder individu, hetzij via de ouders hetzij via eigen bemiddeling, per definitie deel uitmaakt van een cultuur én elk collectief meestal een eigen cultuur bezit, is het onderscheid tussen collectieve en culturele identiteit zeer precair. Het verschil heeft betrekking op de aanspraakwijdte: collectieve identiteit omvat álle vormen van en zaken betreffende groepen, terwijl culturele identiteit alleen handelt over de specifieke levensstijl van bepaalde groepen. Hieruit volgt dat elk individu slechts één culturele identiteit en meer collectieve identiteiten heeft. Morley en Robins beweren dat deze identiteitsvorm geformuleerd wordt rond de culturele identiteit van de dominante groep. Ook hier speelt het principe van angst en uitsluiting dus een rol. Ik denk echter, in tegenstelling tot Morley en Robins die mijns inziens teveel vasthouden aan geografische identiteitscategorieën, dat elke groep, zwak of dominant, over een eigen, typerende culturele identiteit beschikt. Volgens John Caughie ontstaan culturele identiteiten onder speciale omstandigheden en worden ze niet simpelweg gevormd door de private inzichten en expressies van individuele artiesten, maar door de publieke determinaties van wet, economie en geld. Ik verklaar zijn nogal deterministische stellinginname vanuit de overtuiging dat Caughie cultuur opvat als 'slechts' de werken en praktijken van intellectuele en in het bijzonder artistieke activiteit. Die zijn inderdaad in sterke mate afhankelijk van wet, economie en geld, maar vanuit mijn cultuurdefinitie kom ik tot een bredere definitie van culturele identiteit. Normen en waarden zijn immers lang niet allemaal of precies in de wet te vangen. De culturele identiteit is een vorm van collectieve identiteit, omdat de aanwezigheid van meer individuen die hetzelfde normen- en waardestelsel delen een vereiste is. De culturele identiteit kan landsgrenzen overstijgen en is zo omvangrijk als het aantal aanhangers dat leeft naar de kenmerkende levensstijl.

Hoofdstuk XI

Literatuur en cultuurbeschouwing

Literatuur- en cultuurbeschouwing zou in dit geval als meetinstrument kunnen worden gebruikt voor natievorming benevens identiteitsconflict en zou dan daarbij moeten worden nagegaan hoe die in een multimediale wereld die meer en meer wordt beheerst door al dan niet digitale beeldcultuur een geschreven tekst je naar de keel grijpt, je beroert, deel van je bewustzijn gaat uitmaken. Critici als Susan Sontag en Walter Benjamin zouden wellicht zeggen dit kan omdat literatuur een kunstwerk is. Ieder kunstwerk heeft een uniek aura dat leidt tot concentratie en contemplatie (Benjamin 1935,Sontag 1964).Roland Barthes noemt een soortgelijk effect voor de fotografie het punctum, dat wat de kunstbeschouwer raakt maar zich aan het medium, aan onmiddellijke betekening onttrekt (Barthes 1980). Literatuur geeft geen oplossingen voor identiteitspolitieke of andere vragen, maar stelt die vragen als zodanig aan de orde door middel van verhalen, door personages te situeren in diverse plaatsen en tijden. Poëzie was rond de onafhankelijkheid van Suriname een belangrijk middel om het volk te mobiliseren. Dat zei Michiel van Kempen als voornoemd. Hij verkondigde: 'Alleen al in 1975, het jaar dat Suriname onafhankelijk werd, verschenen er maar liefst 50 dichtbundels in Suriname, stuk voor stuk politieke poëzie. Een ongekend aantal, zeker als je bedenkt dat er in Vlaanderen en Nederland samen misschien 40 dichtbundels per jaar verschijnen. Literatuur, en poëzie in het bijzonder, werd in het Suriname van 1975 ingezet om politiek iets te bereiken. Het kwam regelmatig voor dat dichter R. Dobru, dé representant van het Surinaams nationalisme, tijdens een politieke bijeenkomst op tafel sprong om vervolgens het gedicht Wan bon (Eén boom) voor te dragen.' Poëzie was volgens hem een manier om een 'bijdrage aan de natie' te leveren. Tot voor kort was de politieke situatie van het land een belangrijk thema in de Surinaamse literatuur. Van Kempen: 'Aan het eind van de jaren '80 is er eerst nog politieke poëzie geweest als reactie op de periode van de politieke dictatuur van Bouterse. Daarna verschenen er verhalenbundels waarin de teleurstelling over de politiek overheerst. Nog later werden de eerste prozateksten gepubliceerd waarin de periode Bouterse diepgaander werd geanalyseerd, zoals bijvoorbeeld in het werk van Astrid Roemer. In de moderne Surinaamse literatuur werkt het verleden vooral psychisch door. De romans bevatten elementen die te maken hebben met het koloniale verleden, maar de schrijvers voegen er iets extra's, iets van deze tijd, aan toe. De generaties daarvoor konden dat nog niet.' Van Kempen vindt dat de relatie van Surinaamse schrijvers met Nederland aan het veranderen is. 'Schrijvers in Suriname zijn trots op de onafhankelijkheid van het land, maar zijn subtieler geworden in het zich afzetten tegen Nederland. Zo proberen ze steeds meer te schrijven in hun eigen taal. Het Surinaams-Nederlands verwerft een eigen status. De huidige minister-president D. Bouterse sprak zelfs zijn bezorgdheid uit over 'het gebrek aan identiteit' in Suriname. Voor mij persoonlijk is het Surinaamse volk een puur verzinsel van een perfide staat met perfide wetten. Achter die staat zijn van oudsher volksvreemde elites schuil gegaan die slechts hun eigen economische, sociale en politieke belangen dienden, en die belangen stonden lijnrecht tegenover deze van het Surinaamse volk, dat niet eens ooit gestreefd heeft naar een eigen staat. Dat volk is in dat opzicht dom , aanstootgevend slap en futloos. In de Surinaamse roman wordt hierdoor de zich in de schrijver opstapelende rancune omgezet in lucide fictie. De stilistische kwaliteit van de Surinaamse literaire tekst, begrepen als uitwendige schoonheid en welluidendheid, zou slechts één denkbaar criterium moeten zijn om de culturele waarde van een Surinaamse schrijver te kunnen bepalen. Het is intussen een wat wormstekig criterium, vrees ik - het wordt nog vooral gehanteerd door fijne lieden als Van Kempen die zich door hun liefde voor de Surinaamse letteren willen onderscheiden van een grover besnaard volk. Van Kempen loopt voorop in de culturele en politieke collaboratie van Suriname. Dat was voor hem ook de inzet voor de Surinaamse literatuur - de éénwording van het Surinaamse volk, het bevorderen van het gevoel van organische verbondenheid met al wie zich werkelijk Surinamer mocht noemen en het creëren van een authentiek gemeenschapsleven als tegenhanger van het verzakelijkte, anonieme en ontmenselijkte bestaan als Surinaamse burger in de oplevende kapitalistische maatschappij. Hierdoor moest de Surinaamse literatuur totaal dienstbaar worden gemaakt aan de Surinaamse volkse politiek. Met dat doel voor ogen bepleitte Van Kempen diverse themanummers van literaire periodieken en bloemlezingen om alle schrijvers van de Surinaamse bodem die hem minimaal goed gezind waren te doen participeren in de door hem bedachte grote Surinaamse eenwording. In zijn streven naar die eenwording verdedigde Van Kempen de houdbaar van zijn proefschrift, getiteld: Een geschiedenis van de Surinaamse literatuur. Zijn verlangen naar een groots vaderland, een bezield verband en authentiek gemeenschapsleven bleef uiteindelijk toch onbevredigd. In feite wordt iedere Surinaamse auteur door Van Kempen die hem positief en kritiekloos bejegent herleid tot een groot schrijver die iets universeels mee te delen heeft in een oeuvre dat geheel uit zichzelf betekenisvol zou zijn. Dat is een al lang achterhaalde literatuuropvatting, de opvatting dat teksten slechts voor en uit zichzelf spreken. Literaire teksten dialogeren met elkaar en met andere media, artistieke media, minder artistieke media en in het geheel niet artistieke media. Soms begint die dialoog al in de tekst, als de schrijver opteert voor een principiële meerstemmigheid en zijn vertelling niet langer organiseert als zijn eigen spreekbuis. Academici gebruiken daar dure woorden voor als intertekstualiteit en *dialogiciteit*. Vanzelfsprekend is het onmogelijk om alle Surinaamse schrijvers een eigen plek te geven in het Surinaamse Pantheon, maar gelukkig hoeft dat ook niet om te laten zien hoe deze literatuur op cruciale momenten in de geschiedenis heeft gefunctioneerd. Een Literair Pantheon beantwoordt het beste aan deze eis: inzicht bieden dus in het concrete functioneren van de literatuur door de tijd heen. Als er slechts schrijvers in worden opgenomen die niet alleen de wereld waarin ze leefden op een interessante manier hebben geïnterpreteerd, maar die hun interpretatie ook op overtuigende wijze wisten over te dragen op het leespubliek. En dat is ook zo. Alleen moet daar worden bij verteld dat er in de jaren zeventig een decennium van ideologische strijd met de inzet van alle middelen, geen beter lokmiddel was om ook het minder voor ideologisch gedaas ontvankelijke publiek te lijmen dan poëtische schoonheid. Geen betere overtuigingstechniek, als de doelgroep bestond uit fijne lieden, dan het etaleren van stilistische verve! Dat maakte van een gevierde schrijver als Albert Helman volgens mij nu zo belangrijk en invloedrijk schrijver: hij produceerde geen meerstemmige romans, maar een redelijk autoritaire vorm van fictie, waarin het redekunstige en manipulatieve vernuft echter gehuld ging in een soms bijna efemere schoonheid. Het

Pantheon van de Nederlandse Letteren is onvolledig zonder deze hypergetalenteerde auteur van met een neoromantische waas omfloerste politieke ideeënromans. Behalve via zijn slavernijgeschiedenissen heeft Helman indirect, op een niet te reconstrueren manier, maar onmiskenbaar invloed uitgeoefend op het Surinaamse geestesleven via zijn romans: de stille plantage, Mijn aap lacht, mijn aapt schreit, etc. Albert Helman was een schrijver die het esthetische liet prevaleren boven de kritische reflectie van de werkelijkheid, een schrijver die de uiterlijke vorm vernieuwde om uiteindelijk een tijdloze boodschap over de Surinaamse mens te verkondigen. Als gevolg van dit gebrek is het belang van die natievorming 'nog niet voldoende doorgedrongen om de gehele bevolking te overtuigen'.

Hoofdstuk XII

Literaire stromingen

In Suriname zijn in de regel alle kranten en opiniebladen een marginale rechtvaardiging voor wat in dat land voor literaire kritiek mag doorgaan. Recensenten laten zich zelfverzekerd aanduiden als *recensist* waarbij de verwarring niet alleen in deze argeloze titulatuur zit maar tevens in de richtlijnen die men aanlegt om een literair werk op enige kwaliteit te kunnen betrappen. Literaire kritiek en literatuur hebben in Suriname nooit in een gespannen verhouding tegenover elkaar gestaan. De kritiek van een verlichte geest bracht bijvoorbeeld nooit met zich mee dat zich in het land meteen een discussie ontspon over de vraag wat Surinaamse literatuur is en hoe die het best omschreven zou kunnen worden. Liefhebbers en dilettanten wisselen met elkaar heimelijk hun leestips uit op de navolgende wijze *"dát moet je echt lezen want die schrijver/schrijfster is zo een aardig mens. Hij /zij dopt echt lief uit zijn/haar ogen"*. Niet zelden staat de wijze waarop men een schrijver persoonlijk mag in lineaire correlatie met de kwaliteit van diens/dier geproduceerde werk. Dat wat de literatuurkritiek in Suriname aan de literatuur bijdraagt, is in het ideale geval een ongeorganiseerd en stuurloos debat, waarin niet alleen gebrekkige informatie wordt doorgegeven maar tevens een doortrapte literaire cultuur in de meest enge zin. De literaire kritiek in de

Surinaamse perst stimuleert en schift niet. De Surinaamse *recensist* heeft niet de opvatting van een gedreven en getrainde boekenlezer en doet geen nieuwe inzichten openen in een mogelijk literair gefocuste discussie onder de veelal emotioneel ingepalmde schrijversgilde van Suriname. De Surinaamse criticus is doorgaans ook goed gezind bij de door betrokkene zelf geselecteerde schrijvers en dichters. Dat wil zeggen dat de schrijvers daar zelf ook af en toe aan het woord kunnen komen, hetzij omdat ze worden geïnterviewd, hetzij omdat er hen wordt gevraagd om eigen stukken bij te dragen aan de afdeling van de krant die aan literatuur is gewijd. De Surinaamse literatuur kent daarom een stroming, die je de 'autonome' stroming zou kunnen noemen. Kritiek heeft in deze visie een eigen, intrinsieke waarde zonder een verhelderende boodschap en brengt ook niets teweeg bij de lezers. Daarnaast is er een stroming die vindt dat het Surinaamse boekenaanbod eigenlijk niet zoveel voorstelt, en dat de lezer ook meestal de verkeerde boeken leest. Deze stroming vindt dat de literaire kritiek zich vooral op vermeende grote Surinaamse schrijvers moet richten en niet op de door hen afgeschreven schrijvers . Suriname vormt ondanks haar Nederlandse culturele inrichting geen literaire eenheid met Nederland en met Vlaanderen. Hoewel het land Nederlands sprekend is staat de literatuur los van de Europese literatuur waardoor er ook geen sprake is van algemene stromingen als het naturalisme, het modernisme en het naoorlogse experimentalisme. Qua thematiek blijven Surinaamse schrijvers vaak dicht bij huis en bij hun kunstmatig gesublimeerde roots hoewel ze die paradoxaal genoeg zelf constant aan het verloochenen zijn. Hierdoor kennen fantastische vertellingen binnen de Surinaamse literaire ambacht geen rijke traditie, vooral ook omdat de thematiek sinds de laatste jaren rondom de slavernijgeschiedenis is gaan tollen. Het kolonialisme en de 's landspolitiek spelen in de typische Surinaamse roman en poëzie een belangrijke rol, desnoods om ertegen te fulmineren of die juist te gebruiken als symbolisch gereedschap. Opmerkelijk is dat de religie haar weerklank niet heeft weten te vinden in Surinaamse literaire werken terwijl de bevolking haar culturele geloof intens belijdt. Enkel Leo Ferrier heeft getracht zijn roman Atman te laten doorklieven met enige symboliek uit het Surinaamse bijgeloof ten gevolge waarvan de koele realiteit in haar verhaalspectrum eensklaps omslaat in een irreële bijzonderheid. De roman mag dan wel een stereotiep einde hebben waar er voor Surinamers een zelfrealisatie in is weggelegd, toch kan het ook worden gezien als een verhulde kritiek op de maatschappelijke beperkingen die manifest zijn tussen diverse etnische groepen. Bea Vianen die een niet te verwaarlozen drijfkracht mag worden genoemd stelt in haar romans de irrationele, overgeërfde ontembare kracht van de gevestigde orde ter discussie. Literatuur van vrouwelijke schrijvers in Suriname wordt - anders dan teksten van hun mannelijke collega's - vooral met een sociologische blik bekeken, als product van maatschappelijke ontwikkelingen. En een enkele keer als een afgeleide van een politieke inzet. Maar zelden worden de teksten van vrouwelijke schrijvers bekeken als literaire prestatie. Misschien komt het ook doordat Surinaamse vrouwen bij voorkeur schrijven over actuele kwesties met politieke of emancipatoire bedoelingen. Dat is dan literatuur met een korte houdbaarheidsdatum. Echte literatuur is immers universeel en tijdloos en ontstijgt de context waarin ze tot stand is gekomen. Dat leidt ertoe dat vrouwelijke auteurs in de Surinaamse geschiedschrijving eerder als onderdeel van de politieke of cultuurhistorische context van de literatuur worden gezien dan als ankerpunten in het verhaal van de literatuur zelf. Astrid Roemer bijvoorbeeld constateert vanuit haar feministische visie dat vrouwelijke auteurs verzuimd zouden hebben in hun bevrijdingsstrijd aansluiting te zoeken met die andere misdeelde groep, het proletariaat.

In tegenstelling tot schrijvers van Marokkaanse, Turkse etc. afkomst in Nederland zijn schrijvers van Surinaamse origine een slag apart hetgeen inhoudt dat zij behalve dat ze erg geaffecteerd zijn, ook nog buitengewoon geëlektriseerd en gemagnetiseerd kunnen raken wanneer iemand een waardeoordeel geeft over hun literaire toebereidsel. In de zomer van 2010 was ik naar aanleiding van mijn recensie over het reisverslag **Paramaribo, De Vrolijkste Stad In De Jungle** van de toentertijd buiten gewoon populair geworden Surinamer, Anil Ramdas gemiddeld zes uur lang geïnterviewd geweest door de MNTL waar Ramdas zelf voor was gaan werken. Deze integere man zorgde er persoonlijk voor dat het interview op een mysterieuze wijze werd weggemoffeld en nooit kon worden uitgezonden . Zo zijn er meerdere Surinaamse schrijvers die in zich een raar begrip herbergen van het woord *"recenseren"*. De meesten volstaan ermee dat datgene wat zij over hun eigen werk willen ontvouwen, voor een authentieke recensie kan doorgaan zonder zich daarbij te realiseren dat zij op dat moment bezig zijn gelijk een slager die zijn eigen ranzig vleeswaar keurt en het dientengevolge aan de straffe blikken van de keurmeester onttrekt. Sinds 2002 werd de universitaire wereld verrijkt door een hoogleraar in de Caraïbische letteren en je zou al gauw willen gaan aannemen dat het met de literaire opvoeding van Surinaamse scribenten en rijmelaars wat beter zou zijn gesteld. Niets is minder waar. In bloemlezingen en themanummers van literaire tijdschriften waarvan hoogleraarVan Kempen de eindredactie mocht voeren, kwamen tekstuele bijdragen van Surinaamse schrijvers die wantrouwig stonden tegenover zijn kwaliteit , met name die van zijn proefschrift over de Surinaamse letteren, er gewoon niet in. Deze mentaliteit is een hoogleraar beslist euvel te duiden en onwaardig te noemen.

De in 2011 door uitgeverij Meulenhoff uitgebrachte bloemlezing *"Voor mij ben je hier"* onder eindredactie weer van niemand anders dan Van Kempen is gewoontegetrouw gelardeerd met tekstuele bijdragen van degenen die deze literaire geestelijke leider trouw zijn hoewel het voorwoord suggereert dat het zou gaan om nieuw onontdekt talent. Het openingsverhaal , getiteld kuisheid van Rihana Jamaludin is één en al een geprevel als van een joint gebruiker. Er zit geen verhaallijn in en voor de rest is het een optelsom van stemmingen en geluiden. Al lezende springen de beelden keer op keer terug in de tekst waarbij de personages milliseconden lang blijven hangen om hun gedachten te decoderen tot een begrip. Marylin Simons geeft met haar verhaal *Blijf Stil* een duidelijk signaal teken om met je eventuele vernietigende kritiek liever daar stil te blijven staan waar je bent. Waag het niet dichterbij te komen. En dan houdt het wat mij betreft ook op! Op zich lijkt zij mij een veelbelovend, uitzonderlijk talent waar er beslist niet aan getwijfeld dient te worden. Jammer genoeg gebruikt zij met dit korte verhaal het verkeerde visitekaartje om zich ermee te legitimeren . Het verhaal *Schubert in de palmentuin* van Herman Hennink Monkau leest vlot weg. Deze man is een gedreven verteller en heeft een fijnzinnige kijk op zijn alledaagse lyrische impressies. Hoewel er niet echt sprake is van een stilistische vormgeving kan hij behoorlijk weg met zijn sprankelende eenvoud. Ditzelfde behaaglijke gevoel houd ik over als ik mijn blikken verder laat dwalen over het verhaal van Carry-Ann Tjong-Ayong, getiteld: *Carolina en de Chinees.* Uitgeverij Meulenhoff kan deze schrijfster meteen contracteren. Het is een dynamisch verhaal dat zich zonder in bochten en labyrinten te wringen meteen laat zien waar het allemaal op staat. De spanning en intrige zijn goed gebalanceerd en evenwichtig. Clark Accord, inmiddels ook wijlen, betoont zich met zijn verhaal *Una Casa Particular* de weergaloze stilist. Zijn openingszinnen zijn ook bezien vanuit een cinematografisch opzicht haast filmisch. De sfeerbeschrijving is voornaam echter is het verhaal op zich geen mooi dramatisch afgerond geheel. Wellicht dat zijn hele prozabundel een ander beeld geeft. Het verhaal *School was mijn wereld* van Henna Goudzand Nahar is vermakelijk leeskost. Het laat zich samenvatten door haar rijkdom aan alledaagse situaties en wendingen. Dit verhaal is een mooi voorbeeld van een weergaloze schrijfstijl. Al zoekend en tastend laat ze haar weg vinden in een voor haar levendige situatie. Haarscherp observeert zij de moeilijke verhoudingen in een bikkelharde competitie.

Mala Kishoendajal die al eerder furore maakte met diverse publicaties en in deze verzameling ingedeeld is bij een selecte groep nieuwkomers op de literaire markt beschikt weliswaar over veel schrijfstof maar komt verder zeer armoedig over in het hanteren van haar schrijftools. Dat wat zij illustreert met haar verhaal *Masaped Mohesh en Pyari Hiran* is een massa aaneengeregen dramatische handelingen binnen gespleten gezinnen, de wreedheid waarmee mensen elkaar bejegenen, de geborneerdheid etc. De stijl en de atmosfeer is even betrokken als de stroomlijn van het verhaal. De treurigheid verliest het van haar mythische proporties. Tegen Guilly Koster zou ik met zijn verhaal *De dominee is vrouwmens* willen zeggen:Houd de moed erin. Je kunt het prachtig vertellen. Zijn vertelling getuigt van dynamiek en swing, het klotst en wervelt. Een regel als: "Sinds de Marokkanen en andere moslims het juk van pispaal (zonder een lidwoord voor dit zelfstandig naamwoord ??) en gevaar hebben overgenomen, lijken Surinamers gevrijwaard van integratiegezeik ", staat in het teken van het steeds maar voortdurende integratiedebat . Opmerkelijk genoeg staan de verhalen van een uitzonderlijk hoog literair gehalte helemaal achterin de bloemlezing ingedeeld, hetgeen bevestigt dat het zogeheten literair kritisch oordeel van Van Kempen zoals dat weleens te lezen is geweest in diens van enige literair analytische interpretatie gespeende recensies, aan een applicatiecursus toe is. Het betreft hier de verhalen van Iraida Ooft, Tessa leuwsha, Karin Amatmoekrim, Joanna Werners ,Anette de Vries, J.z Herrenberg en Ismene Krishnadath . Ruth San A Jong valt met haar *Schuldbelijdenis!Bladzijde 63!* Weer tussen de eerder genoemde frivoliteit en voosheid. De titel heeft een betere magische oprisping dan haar hele verhaal zelf. Deze bloemlezing is zeer melodramatisch en is door de taal van de laatst genoemde producenten van de literaire hoogstandjes tot een dusdanige grote hoogte getild dat die zich blijven nestelen onder je huid. Hun verhalen werpen een reële beschrijving van de menselijke psyche en vertegenwoordigen daardoor een overdaad aan raffinement, een minuscule ontregeling van kalmte en een bizar verval van beleefdheid. Het advies aan Van Kempen is: ga gewoon door, echter laat de eindredactie in het vervolg aan een andere over.

Hoofdstuk XIII

De aanleg van de Surinaamse literaire flora en fauna

Er komen elk jaar vele nieuwe boeken van binnen- en buitenlandse auteurs op de Nederlandse boekenmarkt, waarvan een select aantal in kranten of tijdschriften wordt gerecenseerd. Deze willekeur wordt dan ook als een vanzelfsprekendheid opgevat. Begin jaren tachtig had het opinieweekblad Haagsche Post een heel themanummer gewijd aan de keuze van recensenten om slechts een bepaalde fractie van het aantal verschenen boeken te willen recenseren. Uit het themanummer bleek dat niet zozeer de persoonlijke keuze een rol speelde maar de uitgeverij alwaar het desbetreffende werk verscheen. In die tijd was er een strikte scheidingslijn getrokken tussen de entiteiten lectuur en literatuur. Bepaalde uitgeverijen hadden de reputatie overwegend lectuur op de markt te brengen en ontsnapten op grond van deze legitimatie aan de aandacht van de geachte critici. Uitgeverijen die het lef hadden om werken van auteurs uit ontwikkelingslanden in hun fonds op te nemen werden , aldus het bewuste HP-nummer, zelfs ondergeschoven aan de lectuurproducenten. Het is dan ook vrij eenvoudig herleidbaar dat uitgeverijen die gemanaged werden door uitgevers van allochtone afkomst chronisch kansloos waren. Maar in vergelijking met

Nederland met al haar allergische restricties, bestaat er in Paramaribo een heel andere traditie. Uitgevers, zozeer die er zijn ,hebben nauwelijks inkomsten uit een eigen literair fonds en hetzelfde geldt voor weekbladen of kranten. De literaire kritiek heeft in een land als Suriname ook geen traditie omdat er nooit enig droog brood mee te verdienen viel. Bovendien worden kritische stukken in de kleine lokale gemeenschap vaak zo persoonlijk opgevat, dat men er nauwelijks een objectief oordeel durft te vellen. Geen bemoedigende voorwaarden voor een literaire loopbaan. Het strijdbare nationalisme van de twintigste eeuw zet blijkbaar geen zoden meer aan de dijk en er wordt met andere overgangsvormen naar een autonome staatsvorm geëxperimenteerd. Daarom heeft het oeuvre van de makers en bedenkers van de zogeheten *Surinaamse literatuur* een pioniersfunctie voor het ontstaan van een natievormende Caraïbische verbeelding. Dit fenomeen maakt haar invloed zichtbaar tot in de meest recente literatuur . Deze rondtrekkende beweging werd ooit zelfs door V.S. Naipaul uit Trinidad als 'literaire missie' afgeschilderd. Bij zijn bezoek in 1961 aan Suriname bemerkte hij namelijk dat hij als 'reizende auteur' ook voor anderen heel goed een bevrijdende werking kan hebben: "
When it came to the writing, I was uncertain about the values I should give to the traveller's. This kind of direct participation came awkwardly to me, and the literary problem was also partly a personal one. In 1960 I was

still a colonial, travelling to far-off places that were still colonies, in a world still more or less ruled by colonial ideas. In Surinam in 1961, in a banana plantation (curiously quiet, the mulch of rotten banana trash thick and soft and muffling underfoot), the Indian official who - with a Dutch technical expert in attendance- was showing me around broke off to say in a semi-conspiratorial way, 'You are the first one of us to come out on a mission like this ".

Belangstelling

De belangstelling voor de Surinaamse literatuur en kunst stijgt gestaag , misschien vooral omdat er zoveel Surinamers of families van Surinaamse afkomst in Nederland wonen die de ontwikkeling in de eigen regio nauwlettend in de gaten houden. In de literaire verbeelding is de 'koloniale' ongelijkheid intussen aanleiding voor felle debatten, die zich minder op de Lage Landen als wel op de beschrijving van Caraïbische conflicten richt. Deze laatste is een uiterst gecompliceerde kwestie. Sinds de ontdekking van de Nieuwe Wereld is het Caraïbische gebied immers het voorbeeld van een onoverzichtelijke en chaotische geschiedenis en scherpe tegenstellingen. In **Finding the Centre**, de inleiding tot zijn autobiografische essay, brengt V.S. Naipaul het belang van deze Caraïbische middelpuntvliedende kracht onder de aandacht, die een schrijver er toe dwingt het koloniale isolement te doorbreken, het gebrek aan wederzijdse communicatie te overbruggen en vitale ontwikkelingen in de literatuur te verwoorden. Ook in de wetenschappelijke wereld schijnt men zich van deze Caraïbische dynamiek in de literaire ontwikkeling bewust te worden. In1979 kwam in Washington een eerste omvangrijke bio-bibliografie van Caraïbische auteurs uit, overigens ingeleid met een citaat uit het werk van de Surinaamse dichteres Johanna Schouten-Elsenhout in het Surinaams. Er bestaat nauwelijks een vergelijkend onderzoek op dit gebied, zeker niet wat de Surinaamse literatuur betreft. Vanuit verschillende uitgangsposities stellen Surinaamse auteurs sociaal-culturele polarisatie in het dagelijkse leven als probleem aan de kaak, dat in grove trekken nog dezelfde gedragspatronen als ten tijde van de plantagemaatschappijen met slavenarbeid laat zien. Deze maken het ook nu nog moeilijk om 'vrije' menselijke verhoudingen te realiseren en

herhalen als het ware de oude koloniale tegenstellingen. De werken van Surinaamse auteurs kunnen als een inspiratie dienen bij de beschrijving van hoe de Surinaamse auteurs de cultuurbotsing hebben beleefd. Bij de afbeelding van deze cultuurbotsing tussen de Surinamers en Nederlanders in literaire werken probeerde men eerst aan te tonen dat Suriname de laatste eeuw enorm op Nederland gericht was. Men wijst er in elke pagina op dat de Nederlandse afdrukken op verschillende facetten van het hedendaagse leven in Suriname zichtbaar waren. De wederzijdse invloed op de culturen leidde o.a. tot een taalvariant van het Nederlands of beter gezegd tot een nieuwe taal: Surinaams-Nederlands. De minderwaardige positie van het Surinaams-Nederlands wijst erop wat de waarneming van eigen cultuur is. Als de Nederlandse cultuur als de hoge wordt beschouwd en de eigen als lage, is het logisch dat de mensen zich liever naar de Nederlandse oriënteren. De houding tot de eigen cultuur heeft invloed op de waarneming van zichzelf. De twisten tussen de diverse etnische bevolkingsgroepen in Suriname worden hierdoor gemakshalve naar de koloniale verdeel-en-heerspolitiek toegeschreven. Jean Paul Sartre zou Surinamers voor deze instelling op de vingers hebben getikt omdat hij zich tot zijn dood bleef volharden in zijn filosofische standpunt dat de mens verantwoordelijk is voor zijn eigen daden omdat de mens een keuze vrijheid heeft en dus eigen keuzes maakt. Surinamers maken keuzes die hen wat opleveren maar als het verkeerd uitpakt is een andere er verantwoordelijk voor . Een product uit deze keuzevrijheid was bijvoorbeeld de massale immigratie als gevolg van sociaaleconomische, educatieve en psychologische factoren in Suriname. De aankomst van Surinamers naar Nederland heeft in zekere mate te maken met het kolonialisme en luidde een volgende fase in bij de ontwikkeling van de Surinaamse en ten dele ook van de Nederlandse cultuur. Het was ook het moment waarop de Surinaamse cultuur opnieuw met de Nederlandse wordt geconfronteerd. Deze confrontatie had ook betrekking op het feit dat toen Surinaamse migranten nog officieel Nederlanders , zij zich meer dan normaal bejegend en behandeld voelden als vreemdelingen . Het effect resulteerde in literaire romans als *"neem mij terug, Suriname* " van Astrid Roemer en " *Kollectieve schuld*" van Edgair Cairo die de innerlijke ontworteldheid van het migrantenbestaan en de identiteitscrisis illustreren. Op de grond van deze boeken wordt vastgesteld dat de veelal in een stad wonende Nederlanders in de ogen van de Surinaamse auteurs individualistisch zijn. Andere verschillen betreffen de rol van de vrouw in allebei de maatschappijen. Neem als voorbeeld de roman *het paradijs van oranje* van Bea Vianen. De hoofdpersoon Sirdjal in deze roman is de personificatie van Nederlandse waarden en zou betrokkene zich daarom negatief uitlaten over de rol van de vrouw uit de Hindoestaanse kringen. Hij interpreteert de rol van de vrouw als fatsoenlijke moeder, die thuis met kinderen blijft en een onderdanige dienares van haar man is. De invloedrijke elementen op de cultuurbotsing worden gezien in de onderlinge relaties die in zekere mate met de koloniale geschiedenis zijn bezwaard. De maatschappelijke status van Nederlanders in Suriname was en is nog steeds hoog. De onverwachte wending in de geschiedenis heeft erin geresulteerd dat na de vereiste onafhankelijkheid Surinamers hun heil in het Paradijs van Oranje zochten. In de verwachting dat zij met een complexere cultuur zouden worden geconfronteerd ontstond daardoor schaamtegevoelens voor de eigen cultuur. Er werd vanuit het dynamische cultuurconcept uitgegaan en werd het dynamische cultuurconcept geappliqueerd op de Surinaamse cultuur welke dan een gespletenheid van Surinaamse identiteit tot gevolg had. In een koloniale situatie leert men zich te identificeren met het spiegelbeeld dat hem door de overheersende cultuur is aangereikt. In geval van Suriname leerde men zich te identificeren met de taal van de Nederlandse overheerser. Het onderwijs was gericht op Nederland en met bewondering werd tot de Nederlandse hoge cultuur opgekeken. De beelden en voorstellingen over Nederland botsten zozeer met de realiteit dat de verwachtingen soms niet in de vervulling kwamen. Maar de cultuurbotsing tussen Surinamers en Nederlanders was bijzonder in andere zin. De gekende hiërarchie was op de kop gezet. De aankomst naar Nederland betekende: herinterpretatie van de eigen identiteit. Vele Surinamers hebben voor het imaginaire paradijs alles betaald wat ze hadden. Zij verloren de illusie dat hun identiteit meer zou zijn dan die van een gewone immigrant. De cultuurbotsing werd merkbaar in vormen als: stereotypen, visuele barrières en zwaar belaste koloniale geschiedenis. Er was niet eens het besef dat de ontmoeting van twee nieuwe culturen tot cultuurverrijking zou kunnen leiden. Een mooi voorbeeld zou kunnen zijn dat Surinaamse auteurs een confrontatie met lezers in een vruchtbare voedingsbodem tot de creatie en zelfontplooiing hebben weten uit te drukken.

Koloniaal erfgoed

In Suriname bekleedden Nederlanders jaren lang hogere maatschappelijke functies dan Surinamers. Veel auteurs beschrijven hoezeer de gekende hiërarchie op zijn kop werd gezet door de ontmoeting van de eerste blanke vuilnisman, dienstmeisje of straatveger. "Ik zal nooit vergeten dat ik absoluut verbijsterd was toen ik voor het eerst - nu vijftien jaar geleden- in Nederland kwam en een blanke vuilnisman zag. Zoiets kan niet dacht ik: een Hollander die vuil ruimt." De beelden over Nederlanders veranderen. De attitudes van Surinamers tegenover Nederlanders en tegelijk tegenover zichzelf wijzigen ook. Vianen merkt vaak op dat haar landgenoten ziekelijk nerveus zijn. Men kan in zekere mate de innerlijke spanningen in verband met veranderingen na hun aankomst brengen. Vianen schrijft de oorzaak ervan indirect toe aan de minderwaardigheid gevoelens door de armoedige achtergrond en daarmee de samenhangende sociale status. Vervolgens vrezen Surinamers dat een vroegere kennis hun anonimiteit, waarin een soort vrijheid ligt, kan doorbreken. Volgens de boven geciteerde verbazing hadden bevolkingsgroepen buiten Nederlandse kringen in Suriname een lagere sociale status dan Nederlanders. De bronnen van nervositeit kunnen in de verwarring van veranderende rollen worden gezien. Nederland wordt als een kansrijke land gezien. Er wordt van hen verwacht dat zij hun kansen opwaarderen. Het geluk wordt alleen in materiele dingen gezien. Zij hebben nu kans gekregen om hun lot te veranderen. Het wordt hen aangeleerd om altijd een onderdanige rol in de maatschappij te vervullen. "Wees altijd onderdanig al kost het je je vrijheid." (Vianen 1973: 8) Bij anderen kan dat berusten op het feit dat zij door anderen voortdurend worden beoordeeld. De oorzaak van de rusteloosheid van de migrant kan liggen aan het voortvluchten of aan de verwarring over hun identiteit en waar zij thuis horen. Men kan de nervositeit aan de innerlijke ontworteldheid toedichten. Er zijn zoveel oorzaken van deze ziekelijke nervositeit dat men vervolgens moet twijfelen of de koloniale houding van slavenhouders op slaven als minderwaardig wezen nog invloed kon hebben op de ziekelijke nervositeit van Hindoestanen. Het overblijfsel van de koloniale tijd is merkbaarder in Suriname. De kluchtige gedraging van douaniers op de luchthaven in Suriname wijt Ramdas aan de gewoonte van de dwingelandij. Hij beweert dat de autoriteit altijd in de Surinaamse geschiedenis de rol van het tonen van de macht had en die macht altijd de betekenis van de dwingelandij had. (1996: 37-39) Maar Roemer blijft geloven dat de macht in Suriname in democratische sporen kan lopen. Naar Roemers mening hebben de ervaringen met het militaire regime van Bouterse en met de boycot van het buitenland heel veel veranderingen gebracht. Zij toont ook een beetje sympathie voor de militairen. Ondanks dat Bouterse wist dat hij bij de verkiezingen ging verliezen, stelde hij zich toch verkiesbaar. Iedereen had van de staatsgreep geleerd dat de sterksten overeind blijven en nu kunnen ze tot een hechte natie groeien. (Roemers 1989: 11-13). De koloniale erfenis blijkt in zekere mate aanwezig te zijn in de verhouding tussen de Surinaamse gemeenschap en de Nederlandse. De moeilijke relatie is volgens Vianen gekenmerkt door discriminatie en ongeïnteresseerdheid tegenover Suriname. Sirdjal verwijt een Nederlandse journalist zijn eigendunk wanneer hij ervan uit gaat dat het Sirdjals grootste doel is om door Nederlanders te worden gelezen. Roemers verwijt de Nederlandse pers dat het in de berichtgeving over Suriname zich laat misleiden door een relatief kleine groep Surinamers in Nederland. Ingezeten immigranten vertellen hatelijke verhalen over de hongersnood, om duidelijk te maken dat hun landgenoten honger gaan lijden tot het moment dat Bouterse ze zal opeten. Ze schrijft de over de arrogantie van de Nederlandse pers en haar irritatie hierover: ondanks de boycot en zonder de ontwikkelingsmiljoenen zal Suriname overleven. Vianen houdt zich bezig met het thema van de psychische integriteit binnen een bevolkingsgroep. Dit thema is ook ten dele gebaseerd op de erfenis van het koloniale verleden, die ervoor zorgde dat Suriname een multi-etnisch land werd. Het enige zekere koloniaal erfgoed van Nederlandse Surinamers ziet men in hun aanwezigheid in Nederland. De aankomst van Surinamers kan ook als gevolg van een historische wending gezien worden. Na de onafhankelijkheid die Ramdas beschrijft als de tijd van bevrijding van de koloniale overheersing, uitbuiting en onderdrukking komen Surinamers hun burgerschap verwerven. (1996: 34-47)

Stereotypen gevonden in de Surinaamse literatuur

De vooroordelen van Nederlanders over Surinamers laat Astrid Roemer zien in haar boek *Oost West Holland Best* (1989: 114-116) Ze wil geen landgenoten als buren hebben want de Surinamers feesten en dansen altijd, eten allerlei uitheemse gerechten, trekken messen om meisjes, maken ruzies over de politiek en zijn niet bang om te schieten. Anil Ramdas (1996: 69) beschrijft de Surinaamse nationale identiteit als theatraal, rumoerig, overgevoelig, ruw en kortzichtig. Surinamers vond hij onverdraagzaam, bevooroordeeld en bekrompen en Nederlanders daarentegen ruimdenkend. Hij waardeerde de mondigheid van de Nederlanders, hun democratische gezindheid, hun nuchterheid. Hij miste bij zijn landgenoten de Nederlandse ingetogenheid, een soberheid en hun ijver. Maar tegelijkertijd geeft hij toe dat dit maar een eenvoudige opvatting is. Naarmate hij langer in Nederland was werd zijn standpunt over de kwestie minder duidelijk. Het is van belang om op deze plaats nog eens te benadrukken dat beelden die er over bepaalde bevolkingsgroepen bestaan niet altijd hun feitelijke gedrag weergeven. Toch is het aantal stereotypen dat er bestaat adembenemend. Voordat men de werken van Surinaamse auteurs kan behandelen en conclusies kan trekken is het noodzakelijk om op de specifieke kenmerken van de Surinaamse bevolking te wijzen. Nederland en Suriname zijn multiculturele landen. Het verschil ligt in het proces van het ontstaan van de Surinaamse lappendeken. Toen de slavernij was afgeschaft groeide ook een tolerantie tot de Afro-Surinaamse uitingen. Nederland blijft echter het oriëntatiepunt. Het erfgoed van de Nederlandse koloniale tijd is in de Surinaamse cultuur nog immer aanwezig. Eén van de belangrijkste voorbeelden is het gebruik van de Nederlandse taal. De taal is een belangrijke factor die bepalend is voor de identiteit. Het enige beschikbare onderwijs was tot de jaren zestig in het Algemeen Beschaafd Nederlands. De andere volkstalen hadden toen nog geen eigen officiële spelling en werden in het onderwijs en de politiek als geminacht. De rol van het onderwijs in de vorming van de nationale identiteit valt niet te onderschatten. In de jaren tachtig was de positie van het Surinaams-Nederlands in Suriname inferieur. Edgar Cairo wijst in zijn boek Ik ga dood om jullie hoofd (1980) op de minderwaardige positie van het Surinaams-Nederlands bij Surinamers. Surinamers geven er volgens hem de voorkeur aan om het ABN te gebruiken, welke wordt geïdentificeerd met de beschaafdere Nederlandse cultuur. Hij beschrijft hoe een Creools meisje naar hem toekomt en een boek van hem wil kopen, maar dat mag niet in Neger-Engels (Sranan Tongo) zijn, want dat haat ze. (Cairo 1980: 24) Hij sluit zijn beschrijvingen van de toenmalige taalsituatie ironisch af met de opmerking dat, net als bij andere Surinaamse verschijnselen, het Surinaams-Nederlands pas door Surinamers geaccepteerd zal worden wanneer ook Nederlanders het mooi beginnen te vinden. (Cairo 1980: 47) . In het tweede hoofdstuk is het reeds besproken dat een aantal Surinaams-Nederlandse woorden in de Woordenlijst van de Nederlandse Taal zijn opgenomen. De vraag wat de Surinaamse identiteit is, wat alle Surinamers van de diverse bevolkingsgroepen gemeenschappelijk hebben, wordt vooral door auteurs gesteld in de jaren zestig en tot de onafhankelijkheid. Zij bekritiseren de verdeeldheid of propageren de verbinding van de bevolkingsgroepen. Hoe beleven Surinaamse auteurs de cultuurbotsing tussen Suriname en Nederland? Er wordt gekeken naar de wisselwerking tussen de denkbeelden over zichzelf en de denkbeelden van de anderen. Deze worden geconfronteerd om de rol van werkelijke cultuurverschillen en ook van stereotypen te ontdekken.

Het individualisme van Nederlanders

In vele studies blijken Nederlanders individualisten te zijn. Dat blijkt ook uit een verhaal van Roemer waarin ze zich verwondert over de afstandelijke manier waarop de Nederlanders met elkaar omgaan. Zij geeft aan dat het in Suriname ondenkbaar is dat een van de buren zo onmerkbaar overlijdt: "dat vlak naast mijn deur is zo iets ingrijpends en zo ongemerkt, zo doodstil als de winter voorbij is gegaan." (Roemer 1973: 45) . Ramdas beschrijft in zijn verhaal de eerste gewone Nederlander die hij ontmoette, de figuur van meneer Doets. Eerst beschouwt hij zijn buurman Doets als een eenzame alcoholist die diepongelukkig moet zijn, want niemand is in zijn herinneringen geïnteresseerd. In vergelijking met de derde wereld waar het normaal is dat met de leeftijd de status, de invloed en de macht stijgen, waar ouderen vanwege hun levenservaring werden/worden gerespecteerd is dit heel anders. In de traditionele gemeenschap vertelden ouderen verhalen, over de geschiedenis, vol met subjectieve informatie, die de kinderen de voorbije tijden beter hielpen begrijpen. Maar in de herinneringen van zijn buurman lijkt niemand geïnteresseerd te zijn en daarom drinkt hij elke dag een fles jenever op, om de pijn van de verlatenheid te verzachten, om de dood te bespoedigen. (Ramdas 1996: 63). De beleving van de cultuurbotsing is datgene wat alle migranten verbindt. Surinamers komen weliswaar uit de wereld die tot de onafhankelijkheid sterk op het moederland was georiënteerd, waar de Nederlandse cultuur bekend was, maar de gevoelens van een rusteloze reiziger zijn er nog steeds aanwezig. "Een migrant is ondernemend en avontuurlijk, moedig en zwerig." (Ramdas 1996: 50) De tegenstrijdige emoties die de immigrant bij het vertrek voelt, beschrijft Ramdas als "opwinding, verdriet, nervositeit en blijdschap, alles in kleine hoeveelheden maar door elkaar." (Ramdas 1996: 57) Zijn gemengde gevoelens vergelijkt hij met het gevoel dat men heeft als hij te laat op een feestje arriveert: de angst dat men niet welkom is en vandaar de gevoelens van overbodigheid, van misbaarheid. Een migrant is zonder goed excuus en niemand - hijzelf ook niet geloof in de principiële bewegingsvrijheid. (Ramdas 1996: 54). De beslissing om te vertrekken is als een gokspel: Surinamers hebben een onzekere toekomst in Nederland, maar ook in hun vaderland. Een migrant bevrijdt zich van zijn gemeenschap en van zijn geboortegrond, maar tegelijk moet hij naar zichzelf zoeken wat het logische resultaat is van de confrontatie met de andere cultuur. De paradox is dat de meerderheid van de Surinamers niet weten waar hun grootouders precies vandaan komen, want ze waren ook meestal migranten of slaven. Er zijn veel verhalen over de ontworteldheid en de innerlijke leegte die men in de diaspora opdoet, over de identiteitscrisis die de vreemdeling ondergaat. Deze thematiek is gemeenschappelijk voor de migrantenliteratuur.

Vianen beschrijft de Surinamers als een tragisch volk, want ze vluchten niet, omdat zij voor een hongersnood vrezen, maar, omdat zij verdeeld zijn, "[...]verward en verwaterd." (Vianen 1973: 21)

Discriminatie

Discriminatie is één van de meest onaangename kanten van de Nederlandse maatschappij waar de Surinamers mee te maken hebben. De discriminatie is in hun geval meestal op hun uiterlijk gericht. De geringschatting die Nederlanders voor Surinamers hebben en de daaruit volgende discriminatie komt volgens het hoofdpersonage van Het paradijs van Oranje voort uit de angst van de zwarten. Surinamers lijden volgens zijn woorden onder het ***mama-abooboo-there-syndrom***. (Vianen 1973: 18) De thematiek van kleur-barrières komt in het werk van Ramdas tevoorschijn: "Ik ben vreemd en mijn vreemdheid is zelfs aan mij te zien." (Ramdas 1996: 52) Ramdas verwijst indirect naar het feit dat een conflict tevens veroorzaakt kan worden door de verwachting van de nieuwkomers dat de anderen hem gaan vooroordelen. (1996: 52-55) De verklaring van het gedrag wordt aan dagelijkse ervaringen met racistische discriminatie toegeschreven. In Suriname is de discriminatie op basis van somatische kenmerken ook niet vreemd. In het Paradijs van Oranje vindt een Hindoe het heel jammer dat "al die kafri"s" naar Nederland komen waar zoveel mooie, witte mensen wonen. (Vianen 1973: 137).

Volgens Vianen werden in Nederland de scheidslijnen tussen de licht- en donkergekleurden nog aangedikt of verder doorgetrokken. (1973: 21) Dat wordt gerepresenteerd door de figuur van Reinhilde. Om een "echte" Surinaamse te zijn praat zij overdreven Surinaams, zegt ze dat ze gemengd-bloedig is en gaat ze zonnen om donkerder te worden. (1973: 87) . Zij verwijt, net als andere mensen het hoofdpersonage Sirdjal, dat hij niet anti-Hollands genoeg is. Sirdjal staat tussen twee culturen en probeert zich een onafhankelijke positie te verwerven. Hij heeft zich aan de Nederlandse cultuur aangepast, maar vindt het moeilijk te ontkennen dat "het witte monster" bestaat. Hij bewijst dat sommige Nederlanders vooroordelen hebben. Hij geeft als voorbeeld uitspraken, waarin wordt gezegd dat alle Afro-Surinamers op elkaar lijken en allemaal broeders van elkaar zijn. Ook ziet hij het gedrag van een buschauffeur die doet alsof hij een oude vrouw met het Surinaamse accent niet verstaat. Hij ergert zich echter niet zoveel als anderen, want hij ziet dat ook in zijn eigen land mensen op basis van hun uiterlijke eigenschappen worden beoordeeld. Hij ziet dat het racisme welke de oorzaak van de Surinaamse verdeeldheid is in Nederland een andere vorm krijgt: een anti-Nederlandse houding wat volgens hem evenzo goed racisme is. (1973: 112-114) De ik-figuur in het boek Oost West Holland Best is een voorstander van een boycot-op-alle- niveaus van de apartheid in Zuid-Afrika. Ze protesteerde ook tegen het aankopen van

Zuid-Afrikaanse producten via de poster op haar deur: "Pers toch geen Zuid-Afrikaan uit"(Roemer 1983: 23) en zoiets leidt volgens haar niet bepaald tot vriendschap. In een ander verhaal beschrijft ze haar ervaringen met racistische taxichauffeurs en treinconducteurs. "Hé, geeft hier: het is een Nederlandse krant en blijf voortaan met je klauwen van onze spullen af!"(Roemer 1989: 130) Een ander voorbeeld is een verhaal waar haar buren haar vroegen of ze niet expres naar buiten wou komen als er potentiële kopers naar hun huis kwamen kijken, want de kopers laten het allemaal afweten - omdat ze niet zoveel geld wilden uitgeven aan het wonen naast een zwarte vrouw. (Roemer 1989: 114-116) Roemer stelt zich ook kritisch op ten opzichte van de discriminatie die ze "voorkeursbehandeling" noemt. Wat toch maar schijn blijkt: "Anno 1988 weet iedereen beter: om goed te functioneren en aldus opgenomen te worden in een team, wordt van een allochtoon-medewerker verwacht dat die minstens de eigen huid afwerpt en die samen met de eigenaardigheden van cultuur, volk en land van afkomst in de jaszak stopt en die bij de voordeur weghangt."(1989: 34) Roemers neemt ook de Nederlandse eis onder de loep dat de migranten zich aanpassen moeten. De aanpassing wordt als een voortdurende play-backshow geïnterpreteerd en terwijl Nederlandse kinderen aan het veramerikaniseren zijn, moeten migranten zich verhollandsen. Roemers mening over de vereiste integratie blijkt uit volgende betoog: "Maar niemand heeft toen begrepen dat men het meer over het etnische uiterlijk had dan over de normen en waarden van migranten in Nederland." (1989: 34) De oorzaak van de discriminatie wordt vaak in de angst voor het onbekende, een potentieel gevaar, gezocht. Als onbekenden dan (als het gevolg ervan) nog integratieproblemen hebben wordt de negatieve mening over hen nog versterkt. Vianen biedt ons een hele andere kijk aan: "De Hollandse angst voor het zwarte monster even sterk is als voor het witte monster himself, gezien de toenemende vraag naar zonnebrandolie."(Vianen 1973: 21)

Hoofdstuk XIV

De analyses van enkele literaire werken

Van de in Suriname geboren Hindoestaan Raj Ramdas verscheen bij de Rotterdamse uitgeverstoko Maya, de dichtbundel "*Waar is zij*", welke vergezeld is van een DVD. Het grootste deel van zijn poëzie wordt overgebracht door een sprekende aanwezigheid, een nauwkeurige waarnemer die zich graag laat zien. Hij schrijft wat er gebeurt en geeft er zijn oordeel over. Hij beperkt zich weliswaar tot het doorgeven van wat de personages in zijn gedichten doen maar hij blijft verstoken van objectiviteit en afstandelijke waarnemingen. Hierdoor komt hij even onverschillig over als een filmcamera die net zo goed het onzichtbare had kunnen filmen: hij wil niet tonen maar slechts aantonen. Omdat hij de onbuigzame wet van de objectiviteit onvoorwaardelijk negeert, slaagt hij in zijn opzet niet erg. Kwalitatief zijn de gedichten van Ramdas niet overgeleverd aan de fictieve chronologie en zijn dus ook niet onderworpen aan de wetten van de conventie: symmetrie, alliteratie, metrum etc. Er wordt door de dichter een vrouw opgeroepen, juister een droombeeld dat voortgekomen is uit zijn vurigste herinneringen, zijn hevigste begeerten dat tenslotte zo aanwezig is in zijn droomzieke poëtische brein dat hij huivert van verrukking ook al krijgt hij geen duidelijk beeld van haar: "*gisternacht/ betrad je mijn erf/ klopte op mijn gemoed/ en ging toen heen Kausilia/ Waarom raakte je/ontstemd/ taal noch teken gaf je/ roepen deed je niet/ vergelding/ uit welk leven/ is dit,/Kausilia/ zeg mij toch.*" In dit type gedichten kun je zien hoe sterk het imaginaire voor de dichter is. Hij wordt er zo sterk door aangetrokken dat zelfs de evidentie van de werkelijkheid de illusie niet kan beteugelen. De dichter beleeft en vertelt met hetzelfde gemak wat er buiten de personages gebeurt als wat zich in hun verborgen innerlijke afspeelt. Hij verplaatst zich ongehinderd in de tijd waarin hij eerst teruggaat en vervolgens weer een stap vooruit doet. Toch schuilt in zijn buitengewone vrijheid zoveel groter dan die van een personagegebonden verteller ook zijn grootste gevaar: elk willekeur bij het inzetten van zijn onbegrensdheid vermindert de overtuigingskracht van de gedichten. De lezer zal denken dat de dichter zelf zichtbaar en dominerend aanwezig is in al zijn gedichten terwijl het poëtische materiaal voor zijn ogen wordt geprefabriceerd in welk stadium de gedichten dan ook zijn blijven steken. In zekere zin is alle poëzie gelegenheidspoëzie omdat die vaak geschreven is naar aanleiding van concrete gebeurtenissen, ervaringen of objecten. De meeste poëzie is dat alles tegelijk. Als je bij het schrijven van een gedicht echt uitsluitend van één beeld of een gebeurtenis vertrekt, dan is de bijwoordelijke bepaling 'echt' van toepassing. Het is een kleurrijk en veeleer mixed media op papier dat een blijvend plaatsje heeft veroverd in het blikveld van de lezer. Elke dag worden mensen geconfronteerd met meningen over oorlogen, zwangerschap van kabinetsleden of een moordaanslag. Feit is dat gelegenheidsdichters in elke periode hebben deelgenomen aan het politieke, culturele en sociale discours. Elke dag vergaart en selecteert hij/zij feiten en meningen en beschrijft hij/zij zijn/haar visie op het geheel. Een dergelijke dichter wordt door het volk gauw beschouwd als een ambachtsman.

In tegenstelling tot de timmerman die zijn hout vergaart om een kast of stoel te maken, de journalist die nieuws bij elkaar schraapt om een artikel te schrijven, de wetenschapper die zich bezig houdt met het onderzoek en tot zijn taak rekent zijn meningsvorming te verduidelijken, bemoeit de 'gelegenheidsdichter' zich volgens velen niet met de actualiteit. Anders uitgelegd: de gelegenheidsdichter mijdt de actualiteit enerzijds maar maakt er anderzijds toch gebruik van , hoewel in een door hem aangepaste vorm. De gelegenheidsdichter is voorbij het hedendaagse en bezint zich over verleden en de toekomst. Het heden is uitgangspunt, maar nooit een doel op zich. Er bestaat een spanningsveld tussen werkelijkheid en literatuur en zeker als het om gedichten gaat. Een 'literair' gedicht werkt volgens de gangbare opvatting in dienst van het gevoel, ook al moet hier terstond aan worden toegevoegd worden dat deze gangbare opvatting op zich zeer divers en uiteenlopend van aard kan zijn en bijgevolg erg discutabel .De actualiteit wordt daarbij gemeden. Het leven van alledag mag hoogstens terugkomen in een Sinterklaasgedicht of ter gelegenheid van een bruiloft, maar dan heeft het amusementswaarde, geen literaire waarde. Hiermee wordt dan ook enigszins het fundamentele verschil tussen een sinterklaasvers en een literair gedicht merkbaar.

De uit Suriname afkomstige en in Nederland woonachtige dichteres van Hindoestaanse oorsprong Mala Kishoendajal komt na een aantal publicaties bij uitgeverij In De Knipscheer met een bundel gelegenheidspoëzie onder de titel: *Pijn in Parlando*. Zij behoort met deze verzameling gelegenheidsgedichten evenals wijlen Simon Vinkenoog tot het collectieve geheugen en geweten van de stedelijke maatschappij .Haar gedichten zijn een doorgeefluik van persoonlijke betrokkenheid tot alledaagse gebeurtenissen en een lofrede van tot in haar (alles doorlatende) geheugen gegrifte gevoeligheden zoals in onderstaand gedicht:

Herinneringen aan een houten hanger(blz. 21)

Wist jij dat al? Toen ik klein was en jij voor altijd. Wanneer wij op zondagochtend verstoppertje speelden tussen de bakken begonia's Op het Prins Hendrikplein. En jij vanaf de bank toekeek, terwijl zusje kraaiend over de tegels kroop. Wanneer we op de zomerse zondagmiddag Wandelden over de Scheveningse boulevard. En jij je zakdoek drenkte in de fontein met spuwende dolfijnen, om een ijsvlek van mijn nieuwe blauwe jurk te vegen. Wanneer jij op doordeweekse dagen om half zes van je fiets stapte, terwijl wij de stoep vol kreten van de Barentszstraat. De stoep, vol kreten van voorbijrijdende soepkarren, aardappelventers en lorrenboeren. Wist jij dat al? Toen jij mij dropjes leerde snoepen, en je overhemd zorgvuldig drapeerde om de houten hanger aan de binnendeur. Toen onze krappe kamer de lucht van kokende rijst inademde, en jij broertje op de schouder nam. Wanneer jij en ik op zaterdag terug wandelden van de tropische winkel op de Valkenboslaan, en jij op goed geluk de tweedehands bromfiets startte. En ik mijn opkomende vrouwelijkheid verbergend, de zak rijst stevig tussen ons geklemd hield, terwijl we naar huis snorden over de Laan van Meerdervoort. En zo leutert de dichteres tomeloos door zonder zich iets aan te trekken van de schoonheid van haar dichtregels, die naar meer vormgeving en modellering doen snakken. Alles wat als dichterlijke ingeving op de periferie van haar bewustzijn begint te talmen laat zij onverlet orkanen en bliksemen op het tere maagdelijke papier. Psychologisch gaat het hier om het aanwijzen van verbanden tussen dagelijkse voorvallen uit haar jeugd aan de hand van de intocht van een belangrijk mythologische persoon in haar leven. Deze mythologische persoon in dit gedicht staat in verhouding tot een kindfiguur op basis van wederkerigheid. Middels de beschrijving van iedere minuscule stap wordt in het gedicht iedere allesoverheersende primitieve schaamte (= de dichtregel: "En ik mijn opkomende vrouwelijkheid verbergend...) overwonnen en ontwikkelt het kind een humane identiteit — het accepteert haar eigen zwakke, behoeftige kant en krijgt inzicht in de verlangens van anderen — en verfijnt op die manier haar emotionele leven. De schaamte wordt verder in het gedicht echter nooit helemaal overwonnen door een streven naar nog meer autonomie, of nog meer controle. In haar verhouding tot andere mensen is er nog altijd een element van wederzijdse afhankelijkheid aanwezig. Hoe meer het opgroeiende kind in dit gedicht haar geloof in haar onkwetsbare IK probeert te versterken, des te groter de kans wordt dat het onvermijdelijke moment waarop zij haar kwetsbaarheid zal ervaren, niet meer te boven kan komen. In sommige gedichten laat de dichteres zich meeslepen door een eerbetoon aan een verloren dierbare:

Erfenis van rijst en thee

In de schaduw van geschemerde schoonheid schittert een twinkelende traan. In de schittering van betraande schoonheid schemert een laatste zucht, stokt, flonkert. Een blanke vuurvlieg onder zijn rode deken. Een adem wordt windstil. Een geest dooft. Uit de wolken wuift avondrood nog eenmaal achterom naar zijn dag. Wacht! Voordat je ondergaat in de spiegel van de zee. Schenk mij die gestolde traan, die door je laatste adem heen sijpelt. Ik rijg hem aan mijn machteloze erfenis van koude middagen, waarop jij om vijfuur dampende rijst opschepte, met kreukelvingers mengde met de groente, en elke hap wegspoelde met gloeiende hete thee. Jouw rijst meng ik met mijn gewoontes, en draag hem voortaan in mijn ogen. Laat mijn erfenis stromen op je wang, en houd mijn hand stevig vast, nanie, zodat ik je kan laten gaan.

(blz. 31) De mijmeringen in dit gedicht bieden niet echt nieuwe of peilloos diepe inzichten. Het is meer een info-tainment. Kishoendajal beschrijft hier zaken die in de boardroom niet gemakkelijk konden worden besproken, maar wel een grote invloed kunnen hebben op pathos als : weemoed, verlies, nalatenschap en emotionele waardering. De belangrijkste boodschap van Kishoendajal in dit gedicht is de weemoed ten gevolge van het verlies van een dierbare. Het leven is soms een bedrog en illusie. Dat is nu weg, de droom is weg in de wereld en in ons leven, wij zijn onze mijmeringen aan het bespieden of mijmeren niet meer, en wij zijn er allen van overtuigd dat het zo beter is, omdat de preventieve desillusie een der axioma's vormt van onze opvoedkundige systemen, welke in dit vers manifest wordt in de dichtregels: "waarop jij om vijf uur dampende rijst opschepte, met kreukelvingers mengde met de groente, en elke hap wegspoelde met gloeiende hete thee. " In de navolgende versregels kan een gewoonte iemand onverhoeds verrassen, ook al is men er niet meer door romantische kijkglaasjes op voorbereid. Zoals de gedragingen rondom een gewoonte vaak oprijzen uit de dorre burgerlijkheid, zo kunnen deze gedragingen oprijzen uit het emotionele patroon van iemands gemoedsleven ,dat op haar beurt vergeten stemmingen en gevoelens van verrukking voortbrengt. Een vreemde gewoonte zoals beschreven in onderstaand gedicht kan voortkomen uit een land dat men nog niet kent, een cultuur die ons wezensvreemd is, of desnoods een wereld waarvan wij ons afgesloten voelen:

"Jouw rijst meng ik met mijn gewoontes, en draag hem voortaan in mijn ogen.   Laat mijn erfenis stromen op je wang, en houd mijn hand stevig vast, nanie, zodat ik je kan laten gaan ." In deze dichtbundel toont Kishoendajal dat goede smaak, manieren, kennis en interesse in andere culturen als nastrevenswaardig gelden , voornamelijk blijkend uit de reeks "reisgedichten" op de bladzijden 63t/m 80. Hierin meet de dichteres zich een kosmopolitische houding aan geeft er blijk van dat ze over de elasticiteit van geest beschikt ver over de horizon van de Hindoestaanse bedompte kneuterigheid te blikken. Begrippen als " elite" en "machtsaspiratie " worden door haar, hoewel ironisch, in een positieve context gebruikt. In het contemporaine Westen, waar 'elitair' onderhand het ergste is wordt dit begrip overtroffen door 'politiek correct'. We leven in anti-elitaire, anti-correcte tijden en die leveren anti-correcte supersterren op. In z'n geheel genomen is deze dichtbundel één en al een uitstorting van gevoelens waarbij beheersing en vormbesef niet als hoogst noodzakelijke bouwstenen zijn meegewogen. De dichteres beschouwt gevoelens als de meest directe en meest relevante middelen tot oriëntatie in haar leven. In haar woorden gaat soms te veel verloren. De dichteres tracht dat wie zij is en wat zij voelt zichtbaar te maken in houding, mimiek en expressie. Haar onbevangenheid maakt dat zij zich volledig kan overgeven aan het moment, aan dat wat zich aandient. Zij ervaart de wereld steeds als nieuw, vol verwondering en nieuwsgierigheid. Het grootste verwijt dat de poëzie van Kishoendajal treft is dat het soms duister is en dat de helderheid ervan soms voor je als lezer begint te duizelen. Iedere dichter kent zijn/haar eigen taal en beelden, deels zelf geschapen, deels overgenomen van idolen. Aanvankelijk worden nieuwe vormen en woorden met een gelach begroet. Hierdoor is haar poëzie geen zachtogige maagd die de lezer fier en met zengende adem aan zich bindt met haar veroverende blik. Enkel bij vlagen getuigt haar poëzie van enige schoonheid die men in kunst schept, het absolute estheticisme die men in woorden uitdrukt.

De Surinaamse literaire infrastructuur is erg doorkliefd met haar koloniale naweeën die duidelijk merkbaar zijn in de poëzie die door dichters uit deze literatuur wordt gesleten. De enkele Sarnamidichters die bereid zijn alle fatale drukpunten van deze taal op hun schouders te dragen richten zich op een bijzonder marginale doelgroep, namelijk de Hindoestaanse gemeenschap waarvan de laatste generatie in ieder geval van weinig tot geen raakvlakken meer heeft met deze taal omdat die simpelweg sterk vernederlandst is. Hierdoor zijn de sarnamitalige dichters genoopt hun poëzie in zowel het eigen dialect als in het Nederlands te publiceren. De in Suriname geboren muzikant Raj Mohan (1962) heeft vanuit deze strategische insteek een tweetalige dichtbundel onder de titel erfenis te water gelaten waarin hij zijn intense gevoelens t.o.v. zijn sociale en fysische omgeving bezingt.

Eén van zijn gedichten:

Erfenis

de schaduw van mijn voorouders heb ik met zorg verzonken in het stromende water Van Banáras langs een oude badplaats in de schoot van Moeder Ganges slijk van Suriname vastgekleefd aan mijn voetzolen laat nog steeds sporen achter op de glanzende straattegels van Holland bij elke stap. (blz. 51)

Dit gedicht kenmerkt hier een dichter die niet spreekt van een gedwongen overgave maar van een geborgen zijn binnen veilige haven. Hij kent het leven, kent ook de mens, want hij heeft een fijne psychologische kijk die hem door menige oppervlakte, door menig masker heen doet zien. Hij vereert niet gauw en veracht ook niet gauw; wel verstaat hij snel en vergeeft daarom - ook zichzelf, nu en dan met een blik van weemoed omdat in het leven alles betrekkelijk is, en het toch eindelijk op sterven uitloopt. Het rustige leven op het land dat hem lief is ver boven de stad, de bestendige nauwe aanraking met de natuur die zijn hart verkwikt zijn een sterke steun voor zijn evenwichtigheid.

Banden

geleidelijk aan de banden verbroken met familie
de samenleving alle muren omver geworpen enkele
stenen in welke nog namen gesneden houd ik vast in
mijn handen speel ermee en peins welke ik waar en
hoever zal wegkeilen slechts op deze ene gedachte
wankelt het bestaan. (blz. 65)

De strekking van dit gedicht overtreft de vormaspecten ervan duidelijk in alle diepten. De uitgever had haar redactionele nijverheid even kunnen gebruiken deze dichter op de vroegtijdig afgeknotte regels, die op zich geen betekenis dragen, te wijzen. Met enige vormaanpassing had dit vers beslist niet aan betekenis en kracht hoeven in te boeten. Mohan probeert hierin de zwakke, alledaagse, kleine kanten van het menselijk doen en laten op een cryptische wijze te tekenen. De mythe die zijn aandacht gevangen houdt is de menselijke natuur, de uiterste horizon waartoe zijn blik reikt en waaronder te verstaan: de geheimzinnige grens van het mens - zijn. Het onvoorstelbare is de werkelijke, waardevolle, beslissende achtergrond der dingen waar ons een onverbrekelijke band mee verbindt maar waar wij op den duur toch vanaf willen. Datgene wat de dichter uitbeeldt is de mens in zijn extreme ontplooiing, de uiterste individualistische grens die misschien ook nog overschreden wordt.

In deze dichtbundel leidt de dichter de lezer rond langs existentiële thema's als contractarbeid, ouderdom, gewoonte, wens, bestaan etc. waarbij hij zijn betoog herhaaldelijk verlevendigt door invoeging van episoden, deels schilderend, deels verhalend die de veelzijdigheid van zijn aanpak doen uitkomen. Mohan kan mede door zijn muzikale aspiratie rekenen op een buitengewone belangstelling van het publiek vooral ook omdat hij zich met voorliefde verdiept in de goede oude tijd. Zijn dichterlijke geest is er één van diepe ernst, van grote levenswijsheid en van innig geloof. Pijn en extase zijn geen vreemden aan elkander; pijn en vreugde zijn wezenlijk verbonden zoals de dood en het leven." Dromen roepen het leven op / om het te laten dromen / gedachten vermomd in gedichten / gesorteerd op kille stenen vloeren / begraven onder bloemen / als een authentiek lijk // dat met een laatste groet / afscheid neemt " (blz. 67) . Hier wordt een abstracte redenering beproefd van een organisch en systematisch opgebouwd geheel: rijkdom is onzeker bezit, menselijke hoop is onuitroeibaar, de mens wikt, God beschikt. Het organisch en systematisch geheel kenmerkt de "mens van zaken " , die de onzekerheden van het praktische leven ervaren heeft. De wijze die zich tot daden gedrongen weet en niet twijfelt. Deze dichtbundel is niet voor een amusante treinreis maar leent zich uitstekend voor gebruik in een stille ruimte met klassieke Indiase achtergrondmuziek en verstikkende wierook.

De Lottowinnaar

De Lottowinnaar is een intrigerende Surinaamse vertelling waarin het hoofdpersonage Rita verwoede pogingen doet om haar leven te veranderen. Ze waagt zich aan de koop van loterijen, gevolgd door een jackpot van tweehonderd-vijftigduizend SRD, ect. welk eclatant succes bepalend is voor haar relatie met Anand inclusief diens kinderen. In het soapachtige relaas moet de figurerende Soeshiel zich op de handrem slepend zijn ouders vertellen over zijn homofiele relatie met Vikaash. Door alle bedrijvigheden door wordt de in Holland wonende kleindochter Sharda ten tonele gevoerd die de geriatrische zorg over haar dementerende oma op zich neemt , verder Navin die erachter komt dat hij ooit de minderjarig Indra zwanger maakte, en tot slot Prem die dankzij een Hindoe priester(Pandit) eindelijk in boewweging komt . En zo raast de ene gebeurtenis als een tropische passaatwind over alles heen. Kortom: een symfonie van wervelende bedrijvigheden.

Buitengewoon achtenswaardig en lovenswaardig is dat de auteur aandacht geeft aan de positie van de vrouw in Suriname. In het relaas figureert Radj, een werkeloze en drankzuchtige rural Hindiman die zijn vrouw Mandra verbiedt om aan het arbeidsproces deel te nemen. De wijze waarop haaien op afstand zwemmers met hun reukorgaan kunnen detecteren hebben ook Surinaamse mannen het talent en de gave om een hopeloze, zich in ontredderde toestand bevindende vrouw te traceren om hen hulp te kunnen bieden ook al kunnen zij hun eigen gezin amper managen. Dilip kondigde zich gelijk een reddende Bollywoord superstar bij weerloze Mandra aan en viel zij als een blok voor zijn charme. Maar al gauw ontdekt Mandra na enige stroeve romances met deze ontzorger dat hij toch niet degene is die zij zich in hem vergist had. Deze constatering deed haar geen goed omdat de zelfhaat de overhand begon tekrijgen. Haar bestemming lag buiten haar, in het gezicht van haar eigen echtgenoot die zelf al door het leven getekend leek te zijn. Dilip daarentegen beroerde en beproefde zij op een hartstochtelijke en tegelijk vrijblijvende manier. Leeg en onbegrensd trachtte zij uit de diepte van haar NIETS het AL te bereiken. Zij leed onder de hardheid van Suriname en voelde zich er innerlijk door verscheurd. Maar over de natuur heen zocht zij naar een nog verder verwijderde en nog stralender werkelijkheid; zij had de neiging zich in mystieke extase te verliezen. Als individu was zij geworteld in haar culturele waarde, als bewustzijn was zij oneindig en tegelijk geest en leven. Het grote excuus voor haar was dat men haar opgedrongen had zich helemaal in te zetten voor haar gezin. Ze had geen beroep, geen bepaalde vaardigheden, geen persoonlijke relaties, zelfs haar naam was niet meer van haar. Zij was niets anders dan de wederhelft van haar man omdat zij niet de kracht bezat om hem te verlaten. Hoebba ontvouwt de zwijgcultuur van Suriname zoals die manifest is binnen de Hindoestaanse gemeenschap. Surinamers houden weliswaar van praten en kwebbelen, vooral als het even luid en langs elkaar kan, maar tijdens het verbale vuurwerk zijn zij weer te week om de wortels van het kwaad bloot leggen. Onder deze laatste vallen bijvoorbeeld buitenechtelijke relaties en de ongemarkeerde kinderen die daar springlevend uit voortkomen. Dat wat deze schrijfster ook benoemd is de Surinaamse angst, uitgedrukt in de volgende maar dan lamlendig en met lange klanken uitgesproken regel: "Mijn God, wat zullen mensen er wel niet van zeggen". Met deze laatste wil de schrijfster laten zien dat het de Surinamer in het voort-vliedende leven niet eens interesseert door welke niet-Surinamer betrokkene wordt geknepen en ingehaald op de maatschappelijke ladder, als het maar geen Surinamer is. Want ze willen niet riskeren om een familielid , een landgenoot, een bekende of anders een dorpsgenoot tekst en uitleg te moeten geven op de brandende en verwijtende Surinaamse vraag: Fa dat kang (= hoe is dat gekomen!).

Tussen het groeiende aantal Surinaamse scribenten en rijmelaars onder de geestelijke paraplubescherming van Prof. Dr. M. van Kempen heeft Anil Ramdas, het er beter vanaf gebracht. Hij is uitgegroeid tot de meest productieve en intrigante auteurs van eclatant formaat. Zijn in 1992 verschenen essaybundel De stier, de Papegaai en de klimmende bougainville waarmee de auteurs zelfs op de longlist van de inmiddels prestigieuze Libris Literatuurprijs terecht kwam, is in tegenstelling tot zijn recent herdrukte reisverslag Paramaribo, de vrolijkste stad in de jungle waarin hij narcistische gevoelens en aanfluitingen over elkaar laat buitelen, het schoolvoorbeeld van een studentikoos geschreven verhandeling. Zijn voorzichtige verwijzing in dit essay naar alle geraadpleegde literatuur en bronnen sterkt je als lezer in deze opvatting. Het reisverslag is daarentegen luchtig en vanuit de directe, vrije hand geschreven. Helaas heeft deze persoonlijke en indirecte weergave van lyrische impressies ook zijn schaduwkanten. Hoewel Ramdas zich in dit reisverslag een fijnzinnige observator betoont komt hij reeds in het eerste hoofdstuk over als een dreinende kanenbraaier die er mettertijd een punt van maakt dat hij in Suriname niet kon internetten. Hoewel hij het eerste hoofdstuk afsluit met de aankondiging van de onafhankelijkheidsviering, leutert hij in het tweede hoofdstuk los over zijn jeugdsentimenten en vermetelheden in zijn jeugd. "Mijn dag kon niet meer stuk en het was nota bene een nationale feestdag om de onafhankelijkheid te herdenken" (blz. 14). "Het wantrouwen tussen Hindoestanen en Creolen was in de jaren voor de onafhankelijkheid in 1975 drastisch toegenomen. Voor het eerst merkte ik dat ik alleen Hindoestaanse vriendjes had en maar één Creools jeugdvriendje, Emile, die naast ons woonde" (blz. 15). Dit hoofdstuk is een caleidoscopische nietszeggendheid over een panoramisch verdord verleden die in dit reisverslag aan functionaliteit inboet. Het derde hoofdstuk, echter beginnend met de regels (blz. 26): "Ik wilde de viering van de onafhankelijkheid meemaken en daarna meteen aan de slag" schijnt het verzu im nogal te willen inlopen. De beschrijving van het leven van Len (blz. 60) is uiterst aangrijpend en tekenend voor de huidige kille, koelbloedige Surinaamse realiteit. Het reisverslag is lichtelijk opgebloeid tot een boeiende vertelling gegoten in een literaire stijl. Je kunt het ook lezen als een roman in welk geval je je vergevensgezind en mild zou willen opstellen tegenover zijn dramatische falen met zijn in 1994 verschenen novelle Wat Mai wist. Ramdas onderscheidt zich in dit werk niet in de eerste plaats door zijn sociale sensitiviteit voor Suriname maar ook door een grote cultuurgevoeligheid waar zijn nostalgie een uiting van is. Dat wat bij lezing van dit werk erg in het oog springt is dat de auteur de indruk maakt geraakt te zijn door tegenstrijdige waarden en stromingen in Suriname. Op grond van diens milieu en opvoeding, zijn persoonlijke neigingen en aanleg en door lectuur is hij in dit boek de erfgenaam van twee antithetische tradities: het reactionaire en optimisme van de vervlogen jaren zeventig en de hedendaagse statisch-romantische tendens in Suriname. Hij vertolkt dat als volgt: "… de Sommelsdijkse kreek trad uit zijn stinkende, modderige oevers terwijl het water van de Suriname rivier vervaarlijk aan het stijgen was" (blz. 81). Ramdas' cultuurgevoeligheid kan ook begrijpelijk worden gemaakt vanuit zijn identiteitsproblematiek: een perifere positie die belemmerend werkt op het vinden van identificatieobjecten in de Sociale omgeving van Suriname. Vaak tonen sociaaleenzamen een hoge graad van cultuurgevoeligheid waarbij deze zich een identiteit scheppen op grond van in hun cultuur verankerde waarden of dat ze zich zelf gaan identificeren met grote figuren. In zijn boek werken alle sociale, culturele en psychologische factoren vanzelfsprekend niet in dezelfde richting. In sommige opzichten versterken zij elkaar, en in andere opzichten zijn ze weer met elkaar in strijd. Dit draagt bij tot de gecompliceerdheid van het totaalbeeld (= Ramdas verkast zich in de Surinaamse realiteit) dat verrijst bij de bespreking van dit reisverslag. Ramdas komt niet tot een synthese omdat hij een los aan elkaar hangende vertelling opvoert. Zijn psychologische en intellectuele kijk op het hedendaagse Suriname heeft hem sensitief gemaakt voor de belangrijkste problemen van dat land hetwelk hij terecht niet los tracht te begrijpen van de eigen geest en psyche. Ramdas heeft zich aan determinerende invloeden slechts gedeeltelijk weten te onttrekken waardoor hij een hoge graad van geestelijke autonomie bereikt heeft. De onopgeloste tegenstrijdigheden en de gecompliceerdheid die aanwijsbaar zijn in Suriname, sluiten de mogelijkheid van een fundamenteel kenmerk dat ze begrijpelijk maakt, niet uit. Dit fundamentele kenmerk is zijn streven naar waarheid zonder nut of baat. De observatie van Ramdas getuigt van een zeer precieze waarneming waarbij de precisie je als lezer soms behoorlijk kan doen afmatten. Niet op elk detail hoeft de auteur een halogeen schijnwerper te richten. Zijn gang door de stad Paramaribo is die van een kluizenaar met straatangst die zich met een slakkengangetje wurmt door de ene menigte om zich vervolgens voort te bewegen door donkere stegen en zich ten slotte terug trekt in zijn schulpje. Hij blikt verstard in de rondte, verzamelt alle minutieus ontlede impressies die zijn blikveld binnen huppen maar dreigt door al deze wirwar van indrukken in zijn eigen web te verstikken en daardoor gevangen zit in zijn eigen labyrintische constructie. Desalniettemin is deze publicatie bij uitstek geschikt voor een ieder die zichzelf op een reis naar Suriname verwent, verder de grote aantallen Nederlandse stagiaires en last but not least de subsidietrekkende Surinaamse, culturele "trendsetters" die opwaarts - en voorwaarts klapwiekend over de lumineuze straten van Paramaribo drentelen en á la Ramdas op een terras neerstrijken met de hoop dat iemand op hen afstapt om een handtekening te vragen.

Het feit dat eenvoud loont, bewijst Remco Campert met zijn literaire oeuvre waarin je nooit tegen zelfs een sprankje van het literaire intellectualisme van bijvoorbeeld Simon Vestdijk aanloopt. Campert hanteert de zeer directe stijl van de gewone Nederlander en is verder wars van allerlei decor en sfeerbeschrijvingen door middel van eclatante literaire uitweidingen . Hoewel het niet duidelijk is hoeveel aspirant auteurs zich hebben willen bedienen van de stijl van Campert, doet de kennelijk in Suriname geboren Indra Varma met haar novelle, Konverjari (Kon = afkorting van koningin in Suriname; verjari = verjaardag, dus; koninginnendag) vermoeden dat zij een leerling, zo niet een geduchte fan van Campert zou kunnen zijn. Konverjari is een verzameling concieze alledaagse impressies die geschreven lijken te zijn vanuit een representatieve selectie van willekeurige gedachtestromen tijdens de viering van de koninginnendag in Suriname. Het verhaal zweemt naar de traditionele, inmiddels tot een nostalgie verworden klassieke eenheid van tijd en ruimte in Suriname, juister een manier van spelen die balanceert tussen grote natuurlijkheid en literaire schoonheid van mooi uitgeschreven en netjes gebrachte dialogen. Het hoofdpersonage Bhartie dat de intentie heeft zangeres te worden, moet evenals iedere willekeurige erkenningjager in Suriname alle konten besnuffelen om een keer voor het doffe voetlicht te kunnen worden geplaatst. Zij zag de konverjari als het ultieme moment haar vermeende talenten in tegenwoordigheid van een omvangrijk publiek te kunnen presenteren : " Er wordt hard geapplaudisseerd, de muziek is begonnen. De gordijnen van het kleed gaan open. Als een echte superster loopt Bhartie het podium op. Het publiek klapt nog steeds, van links en rechts wordt er gefloten. Het is bijna niet te bevatten wat er gebeurt. Bhartie begint te zingen. Het lijkt alsof ze nooit iets anders gedaan heeft. De stem, die houding: O mera sona re , sonas re , sona re, dedo gi djane, djoeda mate hona re. (Oh mijn liefste, mijn liefste , mijn liefste. Ik wil niet meer leven als je bij mij weggaat ... " (pg. 69) Met haar pen beschrijft Indra Varma met de meest doldrieste taalacrobatie alle lyrische gewaarwordingen die haar blikveld binnenhuppen. De karige omvang van het boek, de samengebalde vorm en hoge dichtheid van de vertelling maken de indruk alsof ze bij wijze van spreken neergekriebeld zijn in kabouterschrift op de uitgestrekte palm van een reuzenhand . . " Groepjes kermisgangers gaan dezelfde kant op. Bhartie krijgt daar nog meer de zenuwen van. Zo te zien wordt het vanavond druk op de kermis. Hoe meer mensen betekent: hoe groter de kans dat er bekenden in de tent komen. (pg. 66) De schrijfster is gefascineerd door de erupties van de euforie rondom de koninginnendag en staat het spektakel daaromheen gebiologeerd te bekijken. Een momentane aanraking waarbij verlangen en afgrijzen zich op deze dag inkerven. Met het hoogrealistische pathos van het marginale waaraan latere Surinaamse generaties hun hartje ophalen, heeft dit proza met de intrige van een minikamerspel-formaat, nog veel minder te maken. Indra Varma's boek is het tegendeel van een literatuuradaptatie, niet omdat de schrijfster de literatuur afzweert of zich wat hysterisch zou willen verzetten tegen het gewicht van de tekst, maar omdat ze tekst en literatuur in een eigenaardige frivole vorm integreert en samen knoeit. De dialoog met de literatuur is natuurlijk niet voldoende om een scribent het statuur van 'auteur' te geven. Hiervoor is vooral een visie nodig, meer bepaald een visie die kan worden afgeleid uit de manier waarop de auteur een eigen vormtaal oplegt en zijn/haar boeken niet als one-shots benadert, maar als onderdelen van een groter geheel van diens/dier oeuvre. Net zoals in haar vreemde relatie tot de literatuur, is Indra Varma hier typisch en atypisch tegelijk. Atypisch omdat zij veel minder dan anderen streeft naar het experimenteren met literaire conventies. Haar novelle is synoniem voor eenvoud (maar eenvoudig is niet simplistisch, net zoals complex iets anders is dan gecompliceerd). Haar stijl wil vooral niet opvallen en is daardoor geen natuurlijke vorm van superieure stilistiek. Haar relaas is daardoor een praat/kletsproza dat zelfs gespeend blijkt te zijn van het basisstramien . De auteur heeft radicaal gekozen voor eenvoud, zo niet voor een schaarste aan middelen, maar dat zou ook hier geen beknotting moeten impliceren, evenals het ontbreken van een mogelijkheidsvoorwaarde voor een literaire praal. Het kan juist aantonen dat een roman schrijven gewoon kan, d.w.z. zonder hightech literaire middelen, dat klein niet noodzakelijk gelijk hoeft te staan aan garageesthetiek of punkesthetica. Kortom, dat men niet bang moet zijn om 'niet' op te vallen.

Desalniettemin draagt dit boek op één of andere wijze toch een verslavende spanning met zich mee. Het knappe aan Indra Varma's manier van schrijven is dat zij zich niet op hol laat slaan door complexe literaire conventies waar de gemiddelde schrijver zich bij ingraaft, maar zij berust zich in haar rudimentaire toon, laat zich niet struikelen over alles wat binnen de literatuur geavanceerd lijkt, houdt zich rustig en beheerst. Zij heeft alles met volle aandacht op papier gezet, waardoor het helder en duidelijk op je af komt stromen maar waarbij er vanwege de niet-verdrinkingsgevaarlijke oppervlakkigheid helaas geen plaats is vrijgemaakt voor diepzinnige en filosofische bespiegelingen.

Hoewel in veel publicaties over de Nederlandse identiteit de eigen taal niet bepaald een ereplaats krijgt toebedeeld omdat de Nederlander denkt de eigen taal minder hard nodig te hebben als middel tot zelfexpressie en symbool van nationale eenheid, trekt m en daarentegen toch fel van leer indien men ontdekt dat een buitenstander aan het Nederlands zit te tornen of het zelfs dreigt te verrijken met een eigen taalmaniërisme, zoals de Surinaams-Nederlandse schrijver Edgar Cairo in zijn leven vergeefs geprobeerd heeft. Kijken wij nu naar de rappers en de producenten van de straattaal dan zou men zich best zorgen kunnen maken om de houdbaarheid van de Nederlandse taal. Men schijnt zich juist tolerant en meegaand op te stellen tegenover deze risicoloze taalvernieuwers, met inbegrip van de linguïstische rapper, Jan kuitenbrouwer, die het Nederlands met zijn Hedenlands in een benarde positie heeft doen verzanden. Edgar Cairo, toevallig ook een neerlandicus geweest als Kuitenbrouwer, hoewel niet gepromoveerd, heeft eigenlijk in een verkeerde tijd geleefd om het Nederlandse taalbestand te willen opsieren met zijn idiolectisch getinte taalmaniërisme. Als hij in deze tijd zou proberen zijn taalverrijking te distribueren via zijn literaire toebereidselen, zou dat hem redelijk gelukt zijn . Er bestaat nu gewoon een voedingsbodem voor. Het feit dat Louis Couperus, Vestdijk en Slauerhof tot het antieke verleden behoren, duidt er al op dat de hedendaagse lezer zijn/haar boodschap in een ander soort taal verpakt aangereikt wil krijgen. Uitgeverij In De Knipscheer te Haarlem die postuum de roman: 'De Smaak van Sranan libre' van deze schrijver heeft uitgebracht, heeft dat kennelijk gedaan uit ideële overtuiging. Het zou zeker een kritische daad van rechtvaardigheid zijn ook deze uitgever te lauweren met een eredoctoraat in de letteren, zoals men dat ooit gedaan heeft met Geert van Oorschot van de gelijknamige uitgeverij vanwege diens in zijn fonds opgenomen Russische reeks. In De Knipscheer heeft veel meer verrassende reeksen in haar fonds durven opnemen. Cairo hanteert een plastisch taalgebruik dat ondanks het deviante ten opzichte van het gewone Nederlands, stromend en dynamisch is en steeds getuigt van een taalvondst. Zijn lijvige roman JEJE DISI/ Karakters die hij in maar vijftig dagen had geschreven, is hierdoor uitgegroeid tot het meest opmerkelijke in zijn oeuvre. 'De Smaak van Sranan libre' daarentegen is een sociale aanklacht tegen de in Suriname gepleegde coup waarbij een leger intellectuelen het met de dood moest bekopen. In dit boek heeft Cairo duidelijk zijn emotie zitten ontladen in exalterende expressies als: "Ze krijgt bijna een adube , een aanval, met rollen op de grond en stuiptrekken. Owee, mi gado: me god, me kind is dood! Waaaiii, Help!Waaaii..!!" (blz.42) . De verhaalcompositie is even recht-toe-recht-aan als de Surinaamse bioscoopfilm: Wan Pipel, óf anders als de Indiase movies uit de vroegere tijd waarmee de eerste beelden reeds deden vermoeden welke ontknopingen er in voor zouden komen en hoe de film zou ein digen. Taferelen als dat een Surinaams familielid in Nederland met bezweet gezicht en trillende handen zit te wachten op een gerepatrieerde broer , die aanvankelijk het land heeft willen opbouwen maar werd vermoord omdat hij geen vertrouwen meer in de revolutie, althans de muiterij die daarvoor doorging had, vormen in deze roman het skelet waaromheen het drama als een spierbundel is vastgemaakt. Het zesde hoofdstuk waarin de beschrijving van een nacht van 'majoor-opperbevelhebber-extra sergeant' voorkomt, staat in scherp contrast met de overige hoofdstukken. De auteur heeft het er tussen geplaatst zonder dat de functie ervan desnoods enigszins toedoet. Er wordt in de paranoia beschreven van een dictator die de eigen ontlasting inspecteert op mogelijke vergiftiging. Bij de beschrijving van deze scène laat Cairo zich zelfs leiden door humorloze platitudes als: "Kom uzi! Laten we gaan slapen. Morgen is weer een onderdrukkingsdag! Aaahhh!" Deze roman doet sowieso dienst als een eerste aanzet voor een mogelijke regionale film over het geteisterde en in haar vooruitgang beknotte Suriname, vooral als de kaartopbrengst aangewend zou kunnen worden voor goede doelen in het land. Het boek is het oraal verslag, hoewel in geschreven vorm, van een geestelijk overbelaste verteller. Bij het lezen vraag je je voortdurend af wanneer je het officiële verhaal een keer krijgt te trotseren.

Cándani (1965), pseudoniem van Asha Radjkoemar, bekend door drie dichtbundels, debuteerde als romanschrijfster met de korte roman Oude onbekenden die gevolgd werd door Huis van as. Beide werden in Nederland bij In de Knipscheer uitgegeven. Annel de Noré (1950), pseudoniem van Netty Simons, debuteerde met De bruine zeemeermin, Rita Rahman (1952) met Liefdesgeuren, beide eveneens bij In de Knipscheer. Chandra Doest (1974) publiceerde Anton en Annissa bij Vassallucci. Mala Kishoendajal (1959) schreef Dame Blanche en Het boegbeeld; beide romans kwamen uit bij opnieuw In de Knipscheer. Annette de Vries (1954) debuteerde met Scheurbuik bij Atlas en tenslotte Marylin Simons (1959): zij komt binnenkort uit met haar verhalenbundel, Carrousel, bij uitgeverij Okopipi in Paramaribo.

Albert Helman wordt door de Surinamers ten onrechte beschouwd als een eigenzinnige dwarsligger. Hij schreef volgens hen boeken, die niet geschikt zijn voor het Surinaamse volk maar voor de buitenlander. Dit is natuurlijk opgehoeste flauwekul. In de tijd dat Helman zijn eerste werken schreef, waren er misschien maar enkele Surinamers die het Nederlands in woord en geschrift beheersten. Hierdoor had hij geen duidelijk lezerspubliek waar hij eventueel op zou kunnen mikken.

Voor Helman is literatuur nooit in de eerste plaats een instrument geweest om de Surinaamse sociale en politieke 'opvattingen' te propageren en evenmin om zijn standpunten ten aanzien van zijn werk die hem zogenaamd sociaal of politiek moesten legitimeren, aan de open-baarheid prijs te geven. Bij hem tref je een symbiose aan van het literaire en humanistische engagement in de wereld. De publicatie van zijn dichtbundel Semi-Finale verhoogt de veelheid van Helmans creativiteit, die de laatste paar jaren voor zijn heen gaan haar neerslag vond in sommige Nederlandse literaire bladen. Zijn poëzie is doorspekt met symbolen, die vooral in de natuur, de mythe van de aarde, en vooral niet gegrond in een pantheïstisch wereldbeeld, moet worden gezocht. Het komt bij me op, vooral als ik Helmans *Het eind van de kaart* lees, dat zijn persoonlijke preoccupaties, die hem zo hoog zitten, met de Surinaamse natuur, met de water-vallen (en dus met het Surinaamse binnenlandse leven) scherp in het brandpunt zijn gekomen. Je raakt geboeid door zijn vertellingen over zijn belevenissen tijdens een zes wekelijkse tocht door de binnenlanden van Suriname, een kwart eeuw geleden. Albert Helman is echter vooral een meester in het oproepen van nieuws-gierigheid naar wat er verborgen ligt achter Surinames' ogenschijnlijk volstrekt onbegrijpelijke natuur. Daarbij weet hij de spanning geleidelijk aan met groot raffinement op te bouwen tot de onthulling van het mysterie. 'We varen tot een woedende waterval van on-geveer anderhalve meter, die als een beweeglijke, luid sputterende muur, en dichterbij als een woedend sissend gevaarte vóór ons staat. We kunnen niet verder met onze buitenboordmotor. Het zou wel mogelijk zijn met mankracht langs een zijkanaal te 'boren', zoals dat hier heet voor binnendoorsluipen, maar daar zou veel te veel tijd mee gemoeid zijn. Lopen dus.'

Zo gaat het ook met talloze andere feiten en gebeurtenissen in de ontmaskering die zich door het hele werk voltrekt. Het meesterschap van Heiman ligt in de talloze aspecten van een ver telling waarin hij uitblinkt; zoals de prachtige natuurbeelden, de fijnzinnige analyses, en de rake portretten over de culturele levensverhoudingen van het Surinaamse binnenland (= oerwoud).

Het eind van de kaart is daarom heel concreet en authentiek en is gerealiseerd met een ongelooflijke hoeveelheid details, die een prachtige atmosfeer van sleur, verval en in contrast daarmee tomeloos menselijke verlangens oproepen. De hang naar zelfdiscipline, scrupuleus zelfonderzoek en het overdadig speurwerk staan centraal in het werk. Daarin vindt men geen aller-individueelste ontboezemingen, wel uiterst accurate, tegelijk visueel gedetailleerd en emotioneel ingehouden natuurbeschrijvingen.

Na Albert Heiman zijn Bea Vianen en Leo H. Ferrier ongetwijfeld de auteurs in wier gehele oeuvre het Surinaamse leven gevat en systematisch geïllustreerd wordt. Gewapend met ogen die de beelden, houding en gebaren vastleggen met een fotografische precisie en snelheid, hebben zij hun gegevens verzameld. Vianen bijvoorbeeld geeft in haar werken, die de indruk wekken van aan het werkelijke leven ontleende verhalen, de kleur, het aanschijn en de bewogenheid van het ware Suriname. In de zin van het realisme zijn Vianens boeken erg socialistisch c.q. stichtelijk. In de zin van het formalisme beschrijven haar werken een maatschappij van het verleden, die zijn sterke invloeden nog steeds laat gelden in Suriname. Het realisme in haar werken camoufleert de angst en een mystieke honger naar het geheimzinnige, de gedweeë gehoorzaamheid aan een toekomst die men niet meer zelf maakt maar alleen nog voorspelt.

In haar roman *Ik eet, ik eet, tot ik niet meer kan* trekt zij de lendendoek van Suriname weg. Wat dan zichtbaar wordt is een wormstekige, schurftige onderbuik: je ziet er onderlinge haat, nijd en jaloezie. Een ieder is geheel buiten mededinging doch wil toch evenveel bereiken als degene, die zich uit de naad werkt. De primaire behoeften van de Surinamers zijn: eten, drinken, liefde bedrijven, de dikke reet op swingmuziek doen tollen, ruziemaken, etc.

Als decor gebruikt zij een internaat, waarin tal van gebeurtenissen plaatsvinden die in werkelijkheid in de Surinaamse samenleving spelen. Twee vrienden, de Hindoestaan Bierbal en de Indiaan Richenel, proberen zich een weg te ba-^ nen door het dichte raciale patroon van Suriname. Hun geestdrift c.q. positieve instelling dit patroon te doorbreken is voor hen beiden onbegonnen werk. De vooroordelen van de ouderen zijn even taai als hun plooiende huid. Het ergste is dat hun stem veel zwaarder telt dan die van

de jongeren. Wanneer je de waarheid van Suriname alleen in profiel of in half profiel ziet, zie je haar altijd verkeerd. Deze roman laat je haar recht in het gelaat blikken en windt er bovendien geen doekjes om. Surinamers in Nederland. Hoe doen zij het hier, is er wat veranderd in positieve zin? Deze vragen worden beantwoord in haar roman *Het Paradijs van Oranje.* In dit werk laat Vianen de mannelijke auteur van Hindoestaanse origine, Hirdjal, piekeren over onderwerpen als: vriendschap, familiebetrekkingen, tolerantie, eerlijkheid etc. Zijn conclusie is dan helaas dat z'n landgenoten ergere linkmiegels zijn dan hoe zij in Suriname waren. In Holland houden zij een nihilisme in stand door elkaar af te wijzen, door geroddel, door tot op het bot graven in eikaars privc-leven etc. In Nederland is de Surinamer gedwongen een blokje om te lopen om de confrontatie te vermijden met een landgenoot, die zijn anonimiteit zou kunnen bedreigen, of die zijn angst zou kunnen vergroten door te informeren naar zijn adres, zijn werk of de vorderingen van zijn studie. Terwijl de liefde in het land van herkomst bedreven werd in de open zwoele lucht onder de romantische maneschijn, pleegt men in Holland naar hermetische ruimten te zoeken en het liefst met een geheim telefoonnummer. Vianen laat bovenal zien hoe de Surinamers hun leven in Holland verbinden met de toekomstige verwezenlijking van al hun dromen. Zij hebben ongelooflijke ambities en een hevig verlangen naar roem en macht. Hun dromen zijn majesteitelijker en rijker gekleed dan kardinalen in purperen mantels. De Hollanders daarentegen zijn gek op pueriele moppen en trachten hun bevrediging te vinden ten overstaan van verbazingwekkende, hypocritische wetten, die bedoeld zijn om zwartjes te dwarsbomen terwijl er voor hen zelf zoveel mogelijk naar betere levensomstandigheden gezocht moet worden. Deze blaam van Vianen op haar eigen eenheid en op de Hollanders (vandaar de titel *Het Paradijs van Oranje)* kan haar met erg veel onbehagen vervullen, doch zij houdt niemand een lachspiegel voor.

In *Dat vuur der grote drama's* onderneemt Edgar Cairo een speurtocht naar de positie van de minderheidsmensen in verleden en heden, waarbij het verleden er de oorzaak van is dat iedereen die in een minderheidspositie verkeert er in het heden zo slecht voor staat. Aan het eind van de historische draad wordt de zeven-tiende-eeuwse zendingspost verwoest tijdens de grote slavenopstand in Berbice van 1763 en raakt de in twee culturen (één door afstamming | en één door opvoeding) wor(s)telende Matthias |zo verward dat hij de zijde van de blanke kolonialen 'kiest'. De twintigste-eeuwse Atti Tuurhart die in Amsterdam met het Hollandse meisje Anna samenwoont, raakt in de knel tussen zijn land-I genoten en andere minderheidsmensen enerzijds en Nederlandse racisten en het gezag anderzijds. Het boek eindigt met zijn vlucht uit k Nederland naar Suriname en vandaar verder. Hij is zo verward dat hij nergens meer terecht kon en als een moderne Ahasverus zich slechts steeds verder opgejaagd voelt. Cairo lijkt via deze taalijver op een minzame, guitige auteur die letterkunde als liefhebberij beoefent. Wat de artisticiteit betreft keuvelt hij er maar luchtigjes op los. Het resultaat is dan ren vaag maniërisme en een kakofonie, veroorzaakt door holle klanken. *Dat vuur der grote drama's* is vol zeurderige liederlijkheid, muffe bevalligheid, geringe fermiteit, lammenadige grappigheid, kinderachtige karaktervastheid etc. Het is een aanmatigend proza onder zijn vlagje van fraaie uitgave, verder is het droog, dor, sukkelig en lam. De stijl is net een vaartuig dut in de flauwe wind van een kleinzielig en krachteloos-koud bedachte intrige, door het bekrompen kanaal van een zwak en onbekwaam taaltje vaart.

Over de gekte van de vrouw van Astrid Roemer die vooral bij de lesbiennes veel rokken deed opwaaien, is het toonbeeld van taal-verschrikking. In deze roman voert Roemer een getrouwde onderwijzeres ten tonele die echter na een paar dagen huwelijk bij haar man wegloopt. Als represaillemaatregel wordt ze door het christelijke schoolbestuur naar het district 'verbannen'. In het tweede hoofdstuk wordt dan haar verblijf in het rijstdistrict Nickerie beschreven; in het derde hoofdstuk is Noenka weer terug bij haar man Louis, maar hun verhouding is bepaald niet goed. Haar moeder ,wordt ziek en sterft. Noenka begint een lesbische relatie met de Nederlandse vrouw Gabriëlle die Louis doodt, waardoor ze in de gevangenis belandt. Noenka komt evenals in de Nickerie-periode met een psychiater in aanraking. In het laatste hoofdstuk schrijft ze dan haar biografie, als ze vier jaar in een inrichting voor gestoorden zit. Ze wordt vrijgelaten, waarna ze blijkens het 'naschrift' dat voor in het boek geplaatst is, sinaasappelverkoopster wordt in

Lelydorp. Het boek is overtrokken met flashbacks en gedachtespinsels van de hoofdfiguur die de plot van het verhaal niet bepaald ten goed komen. De intriges' en acties' dragen eveneens bij tot de verwarring en als lezer mis je de punch zo'n boek uit te willen lezen. De epische drama's van de roman doen de vertelling juist niet overtuigend overkomen maar dreigen die buiten de grenzen van het bevattingsvermogen te doen treden.

Er gebeurt te veel in haar roman waardoor je de greep verliest op al die gebeurtenissen, die elkaar beurtelings opvolgen. Een goed proza is geserreerd, d.w.z. hecht en doortimmerd. *Over de gekte van een vrouw* is *overtimmerd*! Een bepaald beter figuur slaat Astrid Roemer met haar novelle, ooit in het grijze verleden verschenen bij een rare, onbekende uitgeverij, *Waarom moet je huilen, mijn lieve, lieve.* Het eerste wat mij onmiddellijk wel tegenstaat is de titel die je beslist niet in de eerste plaats nieuwsgierig zou kunnen maken voor dit laxerende literair wondermiddel.

Het zonder overdrijving of cliché invoelbaar maken van de hevige emoties in een realistisch getekende dagelijkse omgeving in Suriname, is de centrale opgave in dit werk. Roemer evoceert op een heel treffende wijze het 'Big-Talk-Leven' van Suriname, met al zijn leegheid, properheid en verlorenheid. Het verhaal handelt over het harde bestaan van een oude lotenventer, wiens ambitie en intense liefde voor zijn vrouw de drijfkracht zijn voor z'n weinig belo- vende arbeid. Als de oude lotenventer een lote- rij wint, krijgt hij plotseling een reuze belang- stelling van zowel zijn buurtbewoners als van de persmensen. Later wordt het winnende lot opgevreten door de talrijke muizen en ratten, die in zijn huis ritselen. In dit proza wordt weinig onderstreept of in gehamerd, wat Roemer wel doet in haar later verschenen werken! Wanneer Roemer haar stijlmiddelen die zij in *Waarom zou je huilen mijn lieve, lieve* gebruikte, op haar *Over de gekte van een vrouw* zou toepassen, zou dit laatste werk zeker een bestseller geworden zijn.

In de tijd dat *Atman* van Leo H. Ferrier tot stand kwam, was een ieder in Suriname er van overtuigd dat de waarachtigheid van Ferriers onvervulde liefde en de aangrijpende manier waardoor hij deze door de literatuur heeft verwezenlijkt, wat hem door het verblijf in Europa zelf was geweigerd, ruimschoots zijn diepe, levensgevaarlijke indruk verklaart. Tegenover de geest die zijn 'Hindoestaan-zijn' ontkent, probeert Ferrier de geest te zijn die streeft naar verzoening. Men voelt als lezer ook wel dat er in het verhaal sprake is van een ongerichte genegenheid voor het Surinaamse volk, een genegenheid zonder object, met als kenmerk zijn verscheurde ziel. Ferrier heeft zijn werk ten nauwste verbonden met de tijd waarin hij tot ontwikkeling en zelfinkeer kwam en het tot uitdrukking bracht.

Het boek *Atman* staat dan ook onlosmakelijk verbonden met het Surinaamse leven, een momentopname, al losgelaten door zijn auteur, die het voor een nieuw heden laat schieten. Je zou het boek ook Ferriers ethica kunnen noemen, Omdat het de systematiek heeft van een wijsgerig werk en daarbij tegelijkertijd het karakter bezit van een sociografie van het Surinaamse volk. Ferrier maakt gewag van een oude Surinaamse traditie volgens welke er een onzichtbare, voor de mens onbekende ruimte bestaat, waar zich geheimzinnige wezens ophouden. Op grond van zijn verwantschap, met mythologische, sterk in de duivelse sfeer bestaande krachten, beschouw ik *Atman* als een archetype, een demonisch archetype zelfs en dat maakt het hoek zeer fascinerend.

Ferrier bevordert de spanning in zijn verhaal door de lezer lang te laten wachten op de belangrijkste oorzaak van zijn al zolang durende labiele toestand. *Atman* staat ver van het ironisch realisme af; het literaire bewustzijn dat uit zijn werk spreekt is gecompliceerder dan een Surinaamse vlakte. Ferrier intensiveert zijn gedachte, verfijnt de psychologie, maakt gebruik van de verbeelding als een middel om betekenis te verlenen. Hij is betrokken bij wat hij schrijft en brengt daardoor het lot van zijn hoofdpersoon in verband met vragen, die zich in de werkelijkheid voordoen.

Hij vertelt vanuit het gezichtspunt van zijn personages, waarbij soms plotselinge wisselingen optreden. De moraal komt in wezen neer op de sublimatie van de oerdriften van de Surinamer; de hierbij gebezigde woorden verwijzen naar mijn oordeel nergens naar en hebben alleen een emotionele betekenis voor hem. Zijn personages zijn niet alleen psychologische portretten van herkenbare personen maar ook personificaties van aspecten van het bestaan van het Surinaamse volk zoals dat in het diepste wezen bestaat (existentie): 'Bloed vloeit in de rijst. Het scherpe kartelmes, waarmee ik de kartonnen verpakking heb opengesneden heeft mijn wijsvinger verwond. Schuin, drie karteltjes in mijn vlees. Indentare - bloed in de rijst die uit Suriname komt en daar door vele Hindoestanen wordt verbouwd. Met strelende gebaren vertrouwen ze de jonge bibits toe aan de weke grond van de rijstvelden waar het water modderig is, de zon verzengend kan zijn. Lichtgroene, dunne halmen, tere worteltjes, wit, nog in het eerste stadium van ontwikkeling, boven en onder dit jonge ontkiemde zaad, dat gele padi was. Arbeidende lichamen, smalle, de hele dag voor overgebogen ruggen - handeling, eindeloos strelen. niet in intensiteit afnemende ritmische liefde - zuivert stromend bloed - cellen afbraak- processen vinden er plaats; wisselt er stoffen die aan- en uitgevoerd moeten worden. Warme druppels zweet vermengen zich met het water. Diepe scheuren in de verharde eeltzolen. Nagels, zwart vergaan, door het water dat al lauw hun voeten omspoelt. De zon, fel en brandend, droogt spatten op de huid. Kringen van modder, die aarde is. Lichamen, één met alles wat in en om hen is. Hun geest wordt één met de goddelijke loutering, een onvergankelijke oogst.'

Een aaneenschakeling van absurde gebeurtenissen. Dat is de indruk die je overhoudt als je René de Rooys indrukwekkende roman *Verworpen Vaderland* leest. Het boek geeft zijn persoonlijke herinneringen weer over een land, dat eens obsessie is geweest van de cynische Nederlandse volksschrijver, Willem Frederik Hermans. We krijgen in hoge mate de gruwelen voorgeschoteld, met daar omheen indrukken van de wrange en frenetieke politieke situatie in Suriname. De Rooy tracht het beeld van een verbijsterende werkelijkheid weer te geven, waarbij de bekende feiten over dit land door andere overdreven nationalistische Surinaamse scribenten, juist angstvallig worden verbleekt tot een web van betekenisloze clichés. Hij kan daarom, | zeer terecht, als een schrijver beschouwd worden die Suriname op een impressionistische wijze heeft geportretteerd.

'Vaderland, geboortegrond, ik heb me van je "losgerukt; ik heb je verworpen en ik zal je bele digen en beschimpen opdat je mij voor eeuwig zult haten; nimmer keer ik tot je terug; ik stel me nimmer meer bloot aan jouw bezoedeling en besmetting, aan verminking en deernis, en aan een voortijdige dood. Je schurftige awarie (= stinkende buidelrat); etterende zweer; open mestvaalt; schijthuis op een stinkend achtererf; insektenbroedplaats; schandvlek op de borst van ons zuidelijk continent; heiligschennende mannelijke hoer;

bilharzia-moeras; giftige mak-kaslang; onderste krab in de krabbeton; eindeloos uitdijende lasterkanker; kleverige koeparie (= vieze, glibberige teek); bloedzuiger; corrupte zwendelaar; sluipmoordenaar.'

De Rooy toont als een rasechte Surinamer aan dat zijn landgenoten in hun grondvormen ongenuanceerde, schaapachtige branieschop-per zijn met onwrikbare principes. Zijn betoog is de weerslag van een haast continue verontwaardiging! Die verontwaardiging baseert De Rooy op eigen ervaringen (onder meer als onderwijzer), op onderzoek naar het gedrag van Surinamers, op feiten uit de Surinaamse geschiedenis en uit de actualiteit, op lezen, waarnemen en ergernis. De Rooys kwaadheid heeft, vaak heel begrijpelijk, de neiging in cynisme over te gaan. Aan het slot van het deel in zijn boek dat over Suriname gaat (een deel gaat over zijn belevenissen op de Nederlandse Antillen) geeft hij je bijna het gevoel dat woede niet veel helpt, dat de reuzen waartegen hij uiteindelijk ten strijde trekt toch weer windmolens zijn. Hij trekt kortom zijn eigen aanval in twijfel. Relativeert daarmee wellicht de hoop dat zijn woede iets zou kunnen veranderen. Gewapend met voldoende argumenten en een strijdbare mentaliteit signaleert De Rooy in dit sterk satirische werk dat het een ingewikkeld en dubieus verschijnsel is, wanneer Surinaamse staatslieden zich aardig voordoen. De Surinaamse staatsburger wordt door de staatslieden tegelijkertijd geaaid en geminacht; hij moet zich gedragen volgens een verwachtingspatroon, moet afhankelijk, kruiperig, onderdanig en kwetsbaar zijn. Gebeurt dat niet, dun wordt hij voor vrijpostig uitgemaakt, een typisch Surinaamse uitdrukking. Op een overtuigende manier geeft De Rooy aan, hoe het leven in Suriname een meestal uitzichtloos gevecht is om erkenning van de eigen identiteit. Hoe de burger verstrikt raakt

in de hiërarchie van staatslieden en bourgeoislui, daarin meestal het onderspit delft, en uiteindelijk vlucht in een heilloze uniformiteit, mensen in Suriname hebben totaal geen moeit met ongelijkwaardigheid, maar worden in een belachelijk systeem van 'gelijke kansen voor iedereen' in een kastje geduwd. Het volk wordt een kans geboden waar het in zijn hart niet om vraagt.

Ondanks al zijn 'zwart op wit' virtuositeit is De Rooy allerminst een eenzijdig verstandelijk en op uiterlijkheden gerichte kunstenaar. Het Surinaamse levensbeeld is bij hem geen doel, maar een zijdelings gevolg van een primaire emotionele gedrevenheid geweest. Ik kan me voorstellen dat deze gebundelde woede bij goedwillige Surinamers in het verkeerde keelgat schiet. De Rooys aanval heeft soms ook iets van een mitrailleur, stevent bewust op provocatie af. Maar het uitgangspunt blijft het hele boek door integer en dus overtuigend. De verontwaardiging heeft een stevige basis en daarom zetten de stukken aan tot denken. De Surinamer die dit ontkent, moet dat mij maar eens haarfijn uitleggen.

Wat moet je van een schrijver weten om zijn werk te kunnen begrijpen? Ik denk dat deze vraag steeds praktisch en aan de hand van een concreet geval opgelost moet worden. Misschien bestaat er wel geen oplossing voor, omdat het biografische speurwerk uit iets anders dan uit een pure literaire instelling kan voortvloeien en daarbij naar een antwoord op allerlei vragen die het werk stelt, verlangt.

Al bij eerste lezing maakt *Prins Pim* van de cineast Pim de La Parra de indruk onder de drang van een niet aflatende inspiratie geschreven te zijn. Het werk is heel uiteenlopend. Het bestaat uit polemieken, scenariofragmenten, gevoelens van heimwee, beschouwingen en roept talloze ficties op. Het lijkt me zelfs een moeizaam, pijnlijk, schoksgewijs proces dat het uiterste van de schrijver heeft gevergd.

Technisch is het boek *Prins Pim* vanuit een mengsel van amateurisme en aristocratisch hobbyisme samengesteld. Toch is er een intense spanning voelbaar. Het meest kenmerkende in de compositie van het verhaal is de manier waarop de auteur allerlei onverhoedse wendingen aangeeft. Het accent komt merendeels te liggen op de ontluikende intieme verhouding van de hoofdpersoon met koningin Beatrix (in het verhaal prinses Beatrix).

'Luister, Trixie, hartje van me, ook jij bent een droomster, een warmbloedig dier, lekkere bange

214

watervrouw van me. Er zijn plaatsen op aarde, mijn lief buffeltje, waar jij en ik zoete en zoute onbekommerde dagen en nachten kunnen doorbrengen. Je hoeft er echt niet van Claus voor te scheiden, popje, je moet aan je kleine kinderen denken. Maar wie van Oranje zal jou ten eerste buitenechtelijke romance met zwartwitrode prins uit Paramaribo in het diepst van haar hart willen ontzeggen". De verteltrant van Pim de La Parra is vergelijken met een mislukte filmopname. Zijn verhaal wordt gedwongen naar een climax. Pim de La Parra is een moeizaam vechter. In Prins *Pim* laat hij zien wat zijn nietsontziende avontuur kan opleveren. Het is aannemelijk dat Pim de La Parra met opzet voor een vrije en simpele aanpak heeft gekozen. Toch heeft dat zijn verhaal geen goed gedaan. Ik bedoel niet dat De La Parra meer literaire fantasie had moeten hebben omwille van een esthetisch bevredigend effect; dat zou ongepast zijn. Maar hij had zichzelf en zijn verhaal een betere dienst kunnen bewijzen als hij zijn epos technisch behendiger had verteld.

Het laat zich aanzien dat de Surinamer zich eerder vergenoegt met probeersels dan met goedgelukte produkten van enige kwaliteit. Bovendien lijkt het alsof alles wat met een beetje zweetvergieten van de Surinamer gepaard hoog gewaardeerd moet worden. Critici die wagen het mislukt toebereidsel van een Surinamer te hekelen, mogen rekening houden met het ergste dat hen eventueel kan overkomen.

De literaire bloemlezing *Opo Sten/Geluiden,* - uitgebracht door de Stichting Basis Pers te Nieuwegein en zogenaamd in samenwerking met de Landelijke Federatie voor Surinaamse 'wel-zijnsstichtingen' te Utrecht, is het boek van de gemiste kansen en de verkeerde beslissingen op het vlak van de verhaaltechniek, poëzietech-niek, compositie en stijl. Het is een schoolvoorbeeld van de ongeschreven wet dat pokdalige materie door toepassing van bepaalde raffinage-technieken, literatuur voor analfabeten kan worden. Ik vraag mij bij het lezen van *Opo Sten* af of enkel literaire criteria, hoe onhandig en onkundig er ook mee omgesprongen is, van toepassing zijn geweest bij het beoordelen van het grote aanbod op hun geschiktheid voor opname in de bloemlezing. De gedichten die in *Opo Sten* zijn op genomen zijn, zijn zwaar op de hand en wars van enige levenswijsheid, om maar niet te spreken over de poëtische schoonheid. Zelfs bij een geïnfluenceerde lichtval kun je ze nog geen poëzie noemen maar een soort Surinaams cabaret, in de eerste plaats geschreven om uitgesproken of uitgeschreeuwd te worden. Vrijwel geen regel is af, overal heerst teerheid, ellips en kortademigheid. Het ene beeld suist het andere voorbij en slaat te pletter op een volgende. De woorden zijn dooreen geklutst, gedachten en emoties worden als jachtige kreten uitgestoten, alsof het allemaal in het voorbijgaan moet en men eigenlijk op zoek is naar een schuilkelder.

Dit gedicht bijvoorbeeld is op het eerste gezicht reeds, en later bij herlezing, een wartaal met regels als:

>	*srananman*
>
>	*hoor je mij*
>
>	*deze taal die wij spreken*
>
>	*is ons eigendom'.*

Uit deze scherven en brokstukken wordt één ding duidelijk: het door alcoholdamp omringende chauvinisme van de Surinamer! Meer valt er helaas niet over te zeggen. In de overige gedichten maakt Jit Narain (blz. 25) zich zorgen om al het vuil dat bij hem niet weg wil; Mei Ling Chen Sui Sui hapt op blz. 29 als een krokodil in z'n eigen staart en dreigt te sterven gelijk een vlinder in de cocon;

Eddy Goedhart voelt zich op blz. 33 een verkoelde ontheemde, dalend in betonnen steden; Jit Narain weer op blz. 35 weeklaagt omdat hij uitgelachen wordt; Blaw Kepanki is op blz. 54 brallend en gebarend op weg naar de GROTE EMANCIPATIE en laat zich daarbij geen status opdringen; en ten slotte Julian de With, wiens poëzie over het algemeen het reliëf aanduidt van de woeste hoogtes van het literaire delirium, en die op blz. 76 eindelijk tot bezinning komt dat er ook goede witte (lees: oe-wwitte) mensen zijn. Uiteraard zijn er gedichten van meerdere rijmelaars in opgenomen, doch die doen niets af aan de lamentabele kwaliteit van de gedichten van voornoemde dichters.

Het proza-aanbod begint met een ietwat goed gelukt fragmentje van ene Johan Hokstam. Astrid Roemer stelt mij helaas teleur met haar 'Platgetrapte brug', geschreven in een zeer platgetrapt genre. Haar stijl heeft geen karakter en lijkt eerder geboren te zijn uit naarstigheid, waarin niet het geringste spoor aanwezig is van enige dichterlijkheid, die ik bij haar gewend ben. Je voelt dat het niet door een sympathiserende intuïtie is geschapen, maar vanuit de natuur is afgeschreven via de - in elk geval gebrekkige bemiddeling van een onvast, troebel en elementair oordeel. Het blijft een optische samenstelling van nauwgezette, echter volkomen bloedeloze observaties, geen levende, vrije scheppingen.

Judith de Kom overvalt je vanuit haar verraderlijke verdomhoekje met een kleffe proloog, waar je na lezing een kater van overhoudt. Ze kan zich veel beter bezig houden met het zielelccd van de 'Novib-verdoemden', Haar gevoeligheid in haar verhaaltje is koud en dor..., en onder diverse verheffingen bestaat die uit opvluchten en zelfs uit uitbarstingen, die alleen de werkelijke leegte en zwakheid van haar verraden.

Chitra Gajadin schijnt haar fantasie te danken te hebben aan haar wereldbeeld dat voornamelijk uit koeien, varkens, biggen etc. bestaat. Haar proza, getiteld 'Grootvader' (ode aan haar opa) is de grootste banaliteit die zich denken laat. Haar streven is weliswaar sympathiek, maar haar schrijverschap bevindt zich nog in het embryonale stadium.

Benny Ooft die eigenlijk de noodzakelijke opleiding heeft genoten een redelijk proza te kunnen slijten, presenteert je het werk van een dilettant met culturele ondergronden, smaak en intelligentie, maar met echter en helaas een | volkomen gebrek aan creatieve mogelijkheden. Het verhaal is erg pover van opzet, onevenwichtig, vol van ongerijmdheden, uitvluchten vol bladvulling en andere oneerlijke handigheidjes onder een schijnbare doeltreffendheid en een gladgelikte afwerking. De beweeglijkheid beperkt zich tot de oppervlakte en is dan nog " uitsluitend van mechanische aard - het centrum van een ondoorzichtige dode massa.

Chan Choennie geeft er duidelijk blijk van dat hij graag in de literaire maalstroom heen en weer geslingerd wenst te worden maar dat het schrijven bij hem gewoon een hobby is. Qua stijl en aanpak doet zijn proza zelfs onder voor een opstel van een leerling van de eindklasse van de lagere school.

De eminentie van Dorothé Wong Loi Sing en Jit Narain kun je beschouwen als een nieuwe vorm van huiduitslag. Deze twee verhalen had de redactie echt moeten weigeren om *Opo Sten* desnoods op de valreep voor een definitief afglijden naar het bedrieglijke niets te behoeden. Waarschijnlijk is dit onmogelijk geweest omdat één dezer schrijvers zelf in de redactie zitting nam en hij bij eventuele weigering van zijn schurftige schrijfseltje zou kunnen dreigen op te stappen.

Had *Opo Sten* gepubliceerd moeten worden? Ja, natuurlijk -waarom zelfs niet als een reisgids over het literaire polderland van Suriname waar men met een kruiwagen over kan zeulen. Na een doelmatige propaganda zou een aantal beoordelingen dat prijzenswaardig is, enig enthousiasme bij het lezerspubliek kunnen opwekken.

Voor mij blijft *Opo Sten* een boek dat op alle andere Surinaamse boeken berust, in welk geval het kwalitatief derde of vierderangs blijft en bovendien overal zijn aard als kweekprodukt zelf zal verraden.

Poëzie schrijven in Suriname én onder de Surinaamse bevolking dreigt tot een daad van rebellie tegen de grauwe realiteit uit te groeien. Het is een poging tot correctie, verandering of afschaffing van de werkelijke werkelijkheid, tot het vervangen daarvan door de fictieve werkelijkheid die Surinaamse dichters creëren.

De Surinaamse dichter Sweet ontvouwt in zijn omvangrijke dichtbundel *Strijd voor een betere mentaliteit* een symbolische moord op de Surinaamse werkelijkheid. De rebellie tegen deze werkelijkheid wordt geïnspireerd door de demonen waarmee hij is behept: feiten, toestanden, wangedrag, immoraliteit etc., zo zeer waren zij rond in zijn geest dat het de

thema's van zijn boekwerk zijn geworden. Sweets'
bundel is simpel en vanaf de eerste bladzijden duiken
zijn ideeën keer op keer op als een obsessie.

Ik denk dat hij met onderstaand gedicht de
Nederlandse schrijver Guus Kuijer binnen kortste keer
tegen zich in het harnas zou jagen. Guus Kuijer
veroordeelt in zijn essay *Het geminachte kind* de
voortdurende terrorisering van kinderen door ouderlijke
figuren , terwijl Sweet er als volgt over dicht:

> *Laten wij het kind gewennen*
>
> *Aan gehoorzaamheid en plicht.*
>
> laat *het al de regels kennen,*
>
> *Waartoe allen zijn verplicht.*
>
> *(Gehoorzaamheid verplicht ons allen,*
>
> *Want ze geldt voor al ons werk.*
>
> *Jong gewend en 't zal meevallen,*
>
> *Niemand treedt dan buiten 't perk.*
> *Gehoorzaamheid voor jongeren,*
>
> *Discipline voor ouderen.*

De strengheid en soberheid die van deze
parochiale taal uitgaan, tonen slechts de terugweg naar
de jaren dertig die Sweet als koers wil nemen. De
hoofdletters na de komma's sleuren je bijna weg in een

draaikolk van betekenisloze clichés. Als dichter gelooft Sweet in de zuiverheid van de gevoelens die in zijn werk tot uitdrukking worden gebracht.Vol vertrouwen richt hij zich tot zijn lezers, vertrouwen in zijn lezers, vertrouwen in zijn taal en in de bereidheid van anderen om zijn woorden net zo ernstig te nemen als hij dat zelf doet. De simpliciteit van zijn poëzie maakt het mogelijk om zonder kritiek langs de regels gaan en daar met hoge graad van intensiteit bij betrokken te raken.

Sweets' persoonlijke karakter doet de lezer aansluiting vinden bij zijn omgeving, die zijn menselijke begrip, sympathie of medelijden inkapselt. De rijmwoorden komen niet log en lelijk over, evenals de woordkeus die ongeforceerd klinkt. Hij gelooft helaas niet in de poëzie als leerschool voor het verwerven van beter literair inzicht. Het tweede dat mij irriteert is dat Sweet zich te gemakkelijk overgeeft aan conventionele, onpersoonlijke dichtwoorden zoals dag, nacht, machteloosheid, pijn, verdriet, zedelijk, etc.

Dichten is duidelijk maken dat wij niet gedwongen zijn onzin te schrijven over de verliefde, boze, immorele onzin die wij in ons voelen opkomen. Hij verloochent het leven en de natuur zoals die in de geest van de hedendaagse mens bestaat en vervangt de werkelijkheid door de menselijke wil en verbeelding op te winden en te prikkelen door zijn zedenpreek. De wereld waar hartstochten woeden en angstkreten opstijgen, veroordeelt Sweet slechts terwille van zijn harmonische en denkbeeldige wereld.

Voor mij is Sweets poëzie een aaneenschakeling van dogmatische geloofsovertuigingen die| leiden naar het fatale moment. Zijn pessimisme kan volgens mij door geen sterveling gedeeld worden. Hij vertegenwoordigt te veel het conservatisme en het orthodoxe. Zijn maatschappijhervormende ideeën openen geen nieuwe gezichtspunten, maar werken alleen tiranniserend en kunnen zelfs als drijfveer dienen voor een eventueel godsdienstig fascisme! Sweets moraalfilosofie is een zeer onverteerbare kost die leidt tot een overtollige maagsapproduktie:

> *Zogenaamd beschaafde landen,*
> *Exporteren smerigheid.*
>
> *En onnoozle kinderhanden,*
>
> *Tonen smetten van de tijd.*
>
> *Naakte stranden, naakte lopers, Naakt*
> *in huis en naakt op straat. Dat zijn de*
> *radicale slopers, Activisten van het*
> *kwaad.*
>
> *Jij pornografiehandelaar,*
>
> *Collega van de heidemonen.*
>
> *Ik klaag je aan, jij moordenaar, Van*
> *onze dochters, onze zonen.'*

Blaw Kepanki (pseudoniem van Oscar Kemble) presenteert zich als een dichter die met zeldzame behendigheid te werk gaat. Zijn werk telt vele gedreven passages en rake bewoordingen die getuigen van vooringenomen belangstelling voor mens en maatschappij. Gewend aan de waardige manier waarop hij in zijn boekje tegen het sociale onrecht ageert, ben ik ook verrast door de openhartigheid van zijn poëzie, die veroverd en geleid wordt door het steeds kwade humeur. In haast al de gedichten van Kepanki wordt met veel moeite en met weinig ironie de positie van degenen die een minder aanzienlijk lot schoren zijn, doorgelicht. Op een derde niveau wordt duchtig gewerkt aan het doorbreken van vastgeroeste denkpatronen. Kepanki is dus tegenhanger van Sweet. Zijn poëzie moet *hebben* van beproevingen met associatieve denkpatronen, met associatieve beelden en een woedend woordgebruik, dat wel eens schreeuwerig in de oren wil klinken.

Al die werken.

Expansieve multinationals

die als een octopus

arbeiders gevangen houden

in hun wurgende tentakels.

Het modern architectonische Brascha

die een donkere schaduw over

de honger van de bewoners der

villas miseria werpt

O uitbuitend imperialisme...'

Kepanki dreigt de bourgeoisie op allerlei manieren tegen de haren in te strijken. De hallucinerende manier waarop hij de 'vervuiling' van de maatschappij samenvat, doet denken dat hij al die ellende op een bijna lichamelijke manier| ervaren heeft. Hoezeer Kepanki ook begaan is met het welzijn en het milieu van zijn medemens, toch hanteert hij de spuitbus, zoals iemand die, krankzinnig van het wezenloos gezoem om zijn kop, desnoods een kanon afschiet op een mug.

De stilistische mode van de dichter Frits Wols bijvoorbeeld is het best terug te vinden in de werken van de overige Surinaamse dichters. Zijn bundel *Surine cyclus* schijnt voort te komen uit een door edele emoties gevoede geestelijke verlamming, niet uit lamlendigheid of ongeïnteresseerd zijn. Situaties over allerlei politieke toestanden in Suriname én het leven van de Surinamers in Nederland worden uitputtend in de gedichten bezongen.

In een broddelige stijl geeft Frits Wols toelichting in zijn poëtische teksten. Een echte fraaie poëzie is het geheel niet geworden. Wat het wél is geworden stelt teleur; een hap-snap demonstratie van ongekende situaties, waarbij hij zijn hart en fantasie naar het onbevattelijke laat uitgaan.

De gedichten zijn geschreven in een zeer persoonlijke spreektaal. De toon van die spreektaal wordt bepaald door een ongenuanceerde hunkering van klank en ritme. Contrasterende klemtonen, onverwachte accenten, assonanties, afgebroken zinnen in het Surinaams, Engels en Nederlands:

> *'mijn huid is verpest*
>
> *door Europese crèmes*
>
> *please, geef me nog een kans Mezelf*
>
> *weer te zijn*
>
> *Dan durf ik jou wel aan.'*

De poëzie van Julian de With, ook bekend als A-Boi-Konie, is mest voor strijdlustige heethoofden, die zich niet in alle vrijheid wijden aan de vrede die het enige doel in het leven vormt, maar zich juist manen tot buitensporige gewelddaden. Zijn boodschap is overgoten met een moraliserende, wereldverbeterende saus en maakt te veel de indruk van een koketterie.

De ironische verzetstoon klinkt snel vals en tiranniek. De With kiest voor zijn verzet niet de ironie, maar de onverbloemde ernst. In de poëzie kun je beter het zekere voor het onzekere nemen, dan andersom.

Traag van begrip

verweven in hun waanvoorstellingen

verziekt door hun intellectualisme

verblind door het racisme

beperkt van sociaal inzicht

beroofd van elk menselijk gevoel

verteerd door hun weerzinwekkende

worsteling voor de zelfwaardering

de racisten.

De With schrijft over iets, dat door hem gezien is als door het dof-glazig oog van een gekookte apekop, bedacht en gevoeld door dode apenhersens en een uitgebloed apenhart. Alles in zijn poëzie is flauw en min en wekt door de verrassing en het brutaal-onvoorziene van zijn laffe ordinairheid de lekkerste fantasieën op.

De vanuit Den-Haag naar Suriname uitgeweken dichter Jit Narain Baldew-singh is een Hindoestaanse variant van Julian de With bij wie literatuur geen doel is doch een middel om zich schaamteloos en indrukwek-kend te kijk te zetten. Zijn toon is bezwerend, snel wisselend van beeld en ritme, niet gevangen in het harnas van een vaste maat; kortom verwarrend. Je staat versteld van de ijver waarmee hij in zijn poëzie werkt, met situaties waar je enkel met verveling langs de regels heen kunt glijden.

Zijn dichtbundels zijn stilistisch en thematisch bezien zonder meer een na-gewauwel van wat de overige Surinaamse rijmelaars aan poëzie afscheiden. In zijn gedichten speelt de ambivalentie, die Jit Narain t.a.v. de meest onsystematische en onbetekenende in de harde strijd om het bestaan van de plattelandse Hindoestaan in Suriname én in Nederland voelt, een voorname rol. Psychologisch is Narain's poëzie een soort helderziendheid, die zich omgezet heeft in de valse luciditeit van een koortsachtig en wanhopig delirium. Er komen te veel spitsvondigheden in voor terwijl de poëzie op zich gespeend blijft van solide literaire elementen.

Wijs ben ik nu

voor een ander begin

met een gezonde hoop

kenmerkend voor

het boerenbestaan

zonder deze hoop

was ik geworden

beslist een worm

in de stad

parasiterend op

het groen op de markt

en het zweet in de zakken

van Landgenoten

maar anders beschaafd.'

Vroeger was het de taak van welsprekende dominees de suffige gelovigen wakker te houden. Die tijd is voorbij: Jit Narain kan met zijn poëzie dat deel van de pastorale zorg overnemen: Hij praat en praat en vertelt en vertelt zonder dat je eigenlijk iets zakelijks over zijn poëzie te weten komt, amusant en aantrekkelijk voor de één, tegelijkertijd een verwarring voor de ander.

Astrid Roemer wil zich eveneens als dichteres profileren met haar dichtbundel *Noordzeeblues* die zij bij de Bredase uitgeverij De Geus publiceerde. Van de gedichten komen er enkele gedegen en smaakvol over en Astrid Roemer toont zich daarin een gevoelig waarneemster van realiteit en natuur. Toch ontbreekt aan haar werk iets dat het boven de goede Surinaamse middelmaat zou kunnen uittillen.

Roemer legt in enkele gedichten te veel de nadruk op één bepaalde realiteit en op de waarde van haar emotionaliteit, zoals in onderstaand gedicht:

Ikke-luie-domme-Neger

danser-butler-vlammenvreter

zwart' vrouw-paaien-bleke-kloten

zwart' man-naaien-blonde-schoten.

En zo gaat zij door. De toonzetting van deze dichtregels doet mij denken aan Julian With, die rnet het afscheiden van dergelijke zelfverwijt-rijmelarijen, welke hij overigens via colportage in de sneltreinen uitventte, een begrip is geworden in de N.S.-literatuur. nWat Roemer zegt moge misschien onconventioneel zijn, het behoeft naar mijn mening een meer gepolijste, geraffineerder, en minder exuberante vorm. Zulke gedichten lijken in één keer op het papier gesmeten te zijn met als resultaat: een brouwsel van gemoedsuitingen en een scala van onnavolgbare gedachtengan-gen. Wil zoiets slagen en wil men niet in een te grote pathetiek verzanden, dan zou men zich, denk ik, bepaalde beperkingen moeten opleg-gen en moeten kiezen voor een heldere vorm en voor een zekere distantie.

In andere gedichten legt Roemer de vinger op de misvormingen in het denken van de mens, misvormingen die het gevolg zijn van maat schappelijke invloeden. Over het engagement van haar poëzie merkt zij zelf op: 'Mijn Oerouders komen onder andere uit Afrika. Het idee al is mateloos inspirerend, om maar van de werkelijkheid van dat werelddeel te zwijgen.'

Afrika-X-Miljoen-Amenka-Y-Miljoen

Azië-Z-Miljoen & Europa

Mate van ego

mate van superego

mate van superioriteitsego plus pigmentering.

Dit soort ontboezemingen vind ik even ergerlijk als die van de Surinaamse gezagsdragers, die de Nederlandse overheid op een 'rationele' wijze proberen te dwingen tot hervatting van de ontwikkelingshulp. Misschien komt het door het 'Surinaamse' dat de geest van haar poëzie bepaalt, in die zin dat het gevoel, de hartstocht van de dichteres haar redelijk besef dat het allemaal toch niet te beschrijven valt, overschaduwt.

In tegenstelling tot hen die uitgaan van het 'levensgevoel' zullen verstandsmensen in Roemers' poëzie weinig van hun gading aantreffen. Voor de dichteres is taal een bezwerend medicijn dat ze een ieder toedient die volgens haar aan genezing toe is. Poëzie moet over iets gaan en zij moet schoonheid hebben. Een zorgvuldig dichter zoekt naar een middenweg tussen het gevoel en het verstand en laat nooit het één door het ander verdringen. De woorden van Astrid Roemer drukken enkel het naakte idee uit met als resultaat een aaneenschakeling van haarkloverijen.

Als dichter neemt Bhai (pseudoniem van Dr. James Ramlall) een uitzonderlijke plaats in temidden van het gros Surinaamse dichters. Bhai is op zijn best een wijsgerig denker, die de kunst verstaat binnen de lyrische vorm tegengestelde gevoelens, impulsen en ervaringen te combineren om er een eenheid van te smeden. De wereld is voor hem het hele ervaringsspectrum en een minnestrijd, die op zich de complexe massa is van gemengde affecten als leven/dood, ik/jij, dag/nacht, toen/nu, schijn/wezen, buitenwereld/binnenwereld etc. De levensader van Bai's poëzie is de abstractie, die op een of andere manier vastzit aan de syntaxis, het idioom en de betekenis van de zin. De technische originaliteit van zijn poëzie, het onconventionele van zijn taalgebruik en zijn metrum is onafscheidelijk verbonden met de originaliteit van de manier waarop hij zijn diep persoonlijke, alhoewel zeer abstracte ervaringswereld presenteert: *'Ik ben een glas-leeg*

dat staat te wachten

op een tafel

in een onbewoond vertrek.

Ik heb geen verlangen

maar ben tevreden

als ik ooit

iemand laven mag.'

In dit gedicht laat Bhai zien dat er a.h.w. een architectonische structuur zit achter het begrip 'leegheid'. Het glas is de totaliteit van het wezen, dat staat te wachten. De onbewoondheid van het vertrek is het verschrikkelijke gegalm, gericht op het glas. De tegenstellingen 'geen verlangen hebben' en 'tevreden zijn' zijn typerend voor zijn poëzie, waarin klinische precisie, de niet zelf-dramatiserende, stoïcijnse pose en morbiditeit bewust ontbreken.

Shrinivasie is een dichter, in hoge mate verlicht en met een kritisch oog die zich er voor hoedt als een kanebraaier over te komen. Hij heeft patent op een gemeenzame toon in regels als: *'Wij zijn allen Surinamers Wij zijn allen nobele onderdanen Wij zijn allen welbekende edele bewoners.'* Typerend voor zijn poëzie is niet alleen de eerder nuchtere dan ontnuchterde houding van de dichter, maar vooral ook het feit dat hij er poëtisch gesproken niet meer van wenst te maken dan het is; geen opgeblazen taalgebruik, geen gezochte hermetiek waarachter de melancholie alsnog schuil kan gaan, geen poging in zijn gedichten zelf het gemis aan schoonheid in de wereld te compenseren. In plaats van op zoek te zijn naar het grootste en de teleurstelling daarover woest van zich af te schrijven, richt hij zijn oog op het gewone, alledaagse (zij het dan voornamelijk in zijn geboorteland, waar dat natuurlijk toch de glans van het ongewone mee heeft) en ziet daar de poëzie van in. Hij neemt op die manier een positie in tussen een realist en een symbolist.

In vele gedichten bezingt Shrinivasie de heimwee naar een verbroken eenheid, het verlangen naar simplificatie in een ingewikkeld wordende eenheid, het oproepen van de oorsprong als oerbeeld van het heden. Shrinivasie blikt ook voortdurend om zich heen en ziet dat zijn omgeving de koele realiteit is. En hoewel zijn poëzie een transcendente stilstand verademt, is ze zelden ingewikkeld en veronderstelt ze nimmer enige buitentekstuele kennis.

Ik denk dat dit kenmerk Shrinivasie boven vele andere Surinaamse rijmelaars uittilt omdat hij de taal niet meer als een probleem of belemmering ziet maar haar werkelijk als autonoom behandelt. Hier en daar krijg ik het gevoel dat het allemaal zachtaardige nonsens is, niet van enige maniërisme ontbloot, een eindeloos navelstaren. In Shrinivasies' denken is de wereld

de vervreemding, de opstelling, de historie; die wereld moet hij opnemen en aanvaarden, veranderen of behouden, voor zichzelf en voor anderen.

Als dichter verstaat Shrinivasie bij uitnemendheid de kunst een aantal zeer subtiele, ingewikkelde en tenslotte onbegrijpelijke (le-vens)ervaringen ten minste helder vorm te geven waardoor zijn woorden een heel bijzondere lading krijgen.

In de koelte

van een nieuwe hut

ter ruste leggen.

Wanneer de dag

als vuurwerk uiteenspat

achter de bomen

zal ik de mooiste hosbloem

steken in je geurig

donker haar

en afscheid nemen

en afvaren

met de eb

die buiten

rusteloos en

ongeduldig wacht.

Chytra Gayadin is een dichteres die via dé literaire playback-show in de schrijverswereld is gerold. Van haar kun je echt wel zeggen dat haar werk geen authenticiteit en originaliteit kent. Haar stijl baart in geen enkel opzicht enig opzien om maar niet te spreken over de aangesneden thema's, die ronduit lariekoek zijn.

Zij is te veel op zoek naar gemakzuchtige kopietjes uit het leven en tracht daarmee het gezicht van haar poëzie te bepalen. De poëtische wereld die zij oproept is ook erg klein. Klein niet in ruimtelijke zin of door de onderwerpen, de zon, de koeien, de schapen, de biggen, de dood, het verlangen naar iets groots, die onderwerpen zijn er rijkelijk in vertegenwoordigd, maar klein in dramatische zin. Vrijwel al haar gedichten zijn op dezelfde emotionele toonhoogte geschreven, lief, berustend, simpel, voortbordurend op hetzelfde patroon, met een vleugje spot, oubolligheid, angst voor de dood, verlangen naar de jeugd.

Mijn zusje eet geen doperwten meer

ze verafschuwt de blikjes

gecondenseerde melk

van Hollandse koeien.

Ze wordt opgevreten van binnen

door honger naar identiteit

voor haar geen slavenvoedsel meer.

Af en toe geeft zij haar woorden hinderlijke accenten, hoofdletters en uitroeptekens. Een toenemende doorwerking van abstract en rechtlijnig denken wordt in haar poëzie zichtbaar ge maakt. In zekere zin is haar rijmelarij de opbouw van een oude, voze werkelijkheid. De basisbegrippen van de plattelandstraditie worden uitgedragen door middel van artistieke middelen, zonder algemene verlangens.

Korter moet ik zijn over de poging die zij waagt haar gedichten met een sprankje hoop toch toegankelijk te maken voor het lezende publiek.

Chytra Gayadin is bang voor het onvolkome-ne, het onmogelijke van haar werkzaamheid; dan breekt het zweet haar uit, omdat zij zich met schrik realiseert dat haar bestaan als dichteres afhangt van de kunst, het kunnen weergeven van een ervaring die niet weer te geven is. Het verval in haar poëzie komt tot uiting in de levenssituaties die zij beschrijft en waarbij haar stijl en kunst in de taal en denkwijze in de eerste plaats een protest zijn tegen de a-musische, fantasieloze (Hindoestaanse) mannen. Sympathie brengt zij alleen op voor het volk dat in een poel van ellende dreigt weg te zakken.

Chytra Gayadins' gedichten zijn niet overtuigend en geven geen blijk van enig idee dat er achter zou kunnen zitten. Bij Silvia Singh breekt de melancholie de geestdrift, haar herinneringen verdwijnen in de mist en haar gedachten dwalen af van het doel dat zij zich voor ogen stelde. Haar passiviteit baart zorgelijkheid en zij tobt onophoudelijk over gevaren waartegen ze niet gewapend blijkt te zijn.

Al wordt ze op geen enkele manier bedreigd, het besef alleen dat ze weerloos is, is genoeg om haar ongerust te maken: de rust die ze geniet lijkt haar kwetsbaar, de toekomst is vol gruwelijke mogelijkheden, want ze heeft er geen greep meer op. Er is een ramp over haar gekomen: ze is ineens van een verantwoordelijke volwassene veranderd in een afhankelijk object.

Silvia Singh bevrijdt zich van illusies. Het inzicht dat zij verspreidt gaat gepaard met een vaak bittere teleurstelling. In de kinder- en jeugdjaren wordt het bestaan beleefd als een opgang:

'In de dageraad

als ik ontwaak

word ik overvallen

door herinneringen

uit mijn jeugd.

Vrijheid

was vanzelfsprekend

net als een glas melk

die je van je moeder kreeg.'

Scepticisme, bitterheid, ongelovigheid, het op de lange duur afstompen; zij beschouwt dit alles als een mythische gemene deler van het leven. De dichteres voelt zich gereduceerd tot een hoopje repressie en een nutteloze gewoonte onder het symbool van burgerlijke goddelijk- heid, de bolhoed:

'Wat heb je er aan

te huilen

als je zodanig wordt gekwetst

dat je slechts kunt sterven,'

Het lijkt alsof dat wat zich bezig is in Silvia Singh te vormen en weer op te lossen, haar in een soort emotionele en geestelijke vervreemding doet storten, die zowel het leven dat zij geleefd heeft, als het leven dat zij gedroomd heeft onaannemelijk en onredelijk maakt.

'Thuis gekomen

eindelijk

om uit te vinden

dat wat thuis was

voorgoed vergaan is

nooit hetzelfde zal zijn.

Ik heb terug te keren

naar dat land

schijn er niet in te kunnen passen

nergens, nooit meer,'

Ongelukkigerwijs heeft Silvia Singh in haar poëzie meer weg van een afgematte herkauw-ster dan van de vermoeide, verfijnde raadgeef-ster waar zij zo op hoopt te lijken. Zij vertegenwoordigt het ideaal waarnaar iedereen in de maatschappij, van de hoogste tot de laagste sport van de ladder, streeft. Zij verstoffelijkt wat iedereen verlangt: het geregelde burgermansbestaan.

Silvia Singh tracht zich de herinneringen te binnen te brengen, de herinneringen die de strijd aanbinden tegen de zware bewegende massa van de vergetelheid van de beelden. Een nachtmerrie die nevelige beelden en een vage angst achterlaat. Een nachtmerrie die het symbool wordt van een afkeer van het leven.

De vermenselijking van de vrouw, dat is de aantrekkelijke opgave die Charietje Choennie zich stelt en daarbij kan zij geen mannen gebruiken. In haar gedichten valt er van alles te zeggen. Er valt van alles in te zien. Eén van de eigenaardigheden die bij dit bonte heen-en-weer opvalt, is dat het waargenomene zich niet netjes in afgeronde zinnen laat persen. Losse woorden voor de losse gedachten die als los zand aan elkaar hangen:

'Vrouw

je bent niet meer

prooi van arrogantie en willekeur

niet langer

de martelares die kwelt zichzelf

't passieve hout

vermorzel nu die toegewezen identiteit

dat vals bewustzijn

ontdek je zelf.'

Zo iemand als Charietje Choennie praat in haar gedichten met grote zorg en met een sterk ontwikkeld gevoel voor valse tonen, Het sentiment dat zij in haar poëzie heeft uitgesponnen is het wantrouwen. Haar gedichten komen sterk over als de mooipraterij van iemand die in werkelijkheid haar leven slijt in een vermoeid lichaam, achter de tralies van rimpels, in een mist van zorg.

Charietje Choennie karakteriseert zich door haar gejeremieer, het altijd maar doordreinende zelfbeklag. Haar wantrouwen keert zich ook tegen het vertrouwen zelf, zoals een poes die op haar eigen staart jaagt. Zij is in haar gedichten op haar slechtst als zij zich zogenaamd blootgeeft, als zij in zorgvuldig gestileerde, ondoorzichtige zinnen probeert te laten zien hoe de achterdocht, gericht tegen haarzelf en anderen, de vaste grond om haar heen doet afkalven.

Thea Doelwijt die voornamelijk bekend is als toneelschrijfster, is als dichteres helaas geheel buiten de dichtkunst en de poëtische nijverheid beland. Volgens mij vermoedt zij niet eens wat er bij literatuur zoal te pas komt.

'Honger

oorlog

pijn

verdriet

armoede

ellende

ziek

rot

kapot.

Bloemen

vogels

kinderen

vrienden

muziek

boeken

schilderijen

oude wijzen

god.'

Dit gedicht is geen kunstwerk doch een eeu-
wigdurend liedje, dat altijd wéér opnieuw begint als een
straatorgeldeun waarbij Doelwijt het niet nalaat
telkenmale het honend gesar wéér op te dreunen. Haar
stijl is een kletsstijl waaruit haar belachelijke liefde voor
het nutteloze woord blijkt. Er mag zeker gezegd worden
dat een telefoongids veel meer te vertellen heeft dan
een dergelijk gedicht, waarmee Doelwijt samen met
enkele anderen een begrip is geworden in de
onbeduidende, revolutionaire Surinaamse poëziekunst
(krijspoëzie).

Het enige waar je mogelijkerwijs enig respect
voor zou kunnen hebben is dat Doelwijt haar ingevingen
op een beeldende, uiterst summiere c.q. compacte
wijze tracht te verwoorden, maar het al te beeldende
en compacte verdwijnt onder de leegte. Het
inhoudelijke is dermate gering dat je je er een heleboel
bij moet verbeelden; en toch blijkt dat er weinig
materiaal voorhanden is de leegte op te vullen terwijl
het weinige weg vriest tot een volkomen niets.

Hoofdstuk XV

De relatie tussen Surinaamse schrijvers en hun collega's uit de overige Derde Wereldlanden

Preiswerk & Perrot maken in hun onderzoek *Ethnocentrisme et histoire* gebruik van het antropologische begrip 'sociocentrisme'. Surinaamse schrijvers en hun collega's uit andere ontwikkelingslanden hebben met elkaar gemeen dat zij op de eigen samenleving georiënteerde en daardoor steeds weer voor henzelf bepalende wijze omgaan met het vreemde van die buitenwereld. Zij zullen de nadruk leggen op voor hun gevoel relevante zaken, waarbij relatief weinig ruimte bestaat voor het onbekende van die buitenwereld. Zij drukken kernachtig uit waar het in hun literaire wereld het contact met andere literaturen om draait.

Toen Harry Mulisch in 1987 niet genomineerd werd voor de AKO-prijs, wees hij de lijst van wel genomineerden af met de opmerking: 'Derde wereld literatuur' (Trouw, 16 mei 1987). Op de vraag van een journalist wat hij daarmee bedoeld had, antwoordde hij later:

'Derderangs.' 'Is derde wereld literatuur dan derderangs literatuur?'

'Ja,' zei Mulisch, 'het licht doet het daar toch ook nooit?' Derde wereld = derderangs, een gangbare redenering, maar is het ook juist dat de cultuur die economisch en technisch het verst ontwikkeld is, de beste literatuur voortbrengt? Voor Mulisch bestaat de beste literatuur natuurlijk uit de boeken die hij zelf geschreven heeft. Literaire werken bestaan naast elkaar in de ten dele open en ten dele gesloten hiërarchie van deelsystemen van de literaire wereld, en kunnen op voorhand een beslissende factor zijn in de positionering van teksten, schreef hoogleraar Mieke Schippers eens. Een opvallende rol speelt de kennis van de recensent van de literatuur van het werelddeel of land van herkomst, van de literaire situatie aldaar, maar ook bijvoorbeeld van de politieke of economische situatie. De literaire kritiek registreert wel dat ook in die gebieden literatuur wordt geschreven, maar mede doordat er weinig kennis is van de literaire wereld ter plaatse, wordt deze literatuur vaak automatisch lager in de literaire hiërarchie geplaatst. In een enkel geval maakt internationaal literair nieuws inhoudelijke verdieping voor de berichtgeving noodzakelijk. Derde wereldliteratuur in ruime zin geeft een antwoord op vragen als "hoe leven zij", "welke conflicten en remmingen ervaren zij in hun eigen cultuurpatroon" en "hoe kijken zij tegen ons aan". De literatuur uit de Derde Wereld wordt zo ook vaak gekoppeld aan de maatschappelijke omstandigheden, waardoor het literaire van de werken naar de achtergrond verhuist. In dit opzicht zijn er paralellen tussen werken van Surinaamse schrijvers en die van hun collega's in de overige Derde wereldlanden. Bij het begrip Derde Wereld ligt de nadruk op politieke, economische en sociale kenmerken. Het culturele krijgt ook aandacht, maar wordt dan veel meer antropologisch of sociologisch geduid en meestal gekoppeld aan maatschappelijke omstandigheden, aan de samenleving als geheel. De praktijk van recipiëren door literaire recensenten is hierbij interessant. In het algemeen: recensenten reageren wel op elkaar, maar refereren nauwelijks naar elkaar. (Het medium van publicatie leent zich ook niet goed voor zulke discussies.) Daarnaast wordt er nauwelijks op inhoudelijke coherentie getoetst: recensies pretenderen vaak ook niet meer dan meningen en oordelen te geven. Ze wegen echter zwaar mee in de literaire beoordeling, en kunnen grote invloed hebben op de waardetoekenning. De kritiek heeft ten slotte een grote invloed op de feitelijke aanwezigheid van literaire werken in bij voorbeeld boekhandels en bibliotheken. De individuele recensenten karakteriseren met hun unieke, willekeurige combinatie van literaire oordelen werk en/of auteur, en geven een bepaalde kwaliteit mee. Al met al - recensenten en uitgeverijen zijn twee delen van een veel grotere constellatie die de literaire wereld vormt. Opmerkelijk is hoe in de literaire wereld individuele deelnemers, instanties en instituties een geloofwaardig geachte berichtgeving creëren die uitmondt in een bepalende beeldvorming.Het relatief-willekeurige van kwaliteitstoekenning - zeker wanneer de literaire kwaliteit door maatschappelijke of historische ontwikkelingen nog in waarde toeneemt - blijft meestal buiten beschouwing. De literaire kritiek heeft zeker in West-Europese landen een belangrijke rol bij de verspreiding van kennis over andere literaturen. Literaire critici worden beschouwd als oordeelkundige specialisten op het gebied van literatuur. Dit levert meestal geen vragen op, ze werken in een bepaalde traditie, en oordelen grotendeels volgens die traditie. Steeds weer komt er van buiten nieuwe, 'vreemde' literatuur in Nederland. Die literatuur behoeft introductie. De (literaire) kennis van de recensent kan dan beslissend zijn voor de waardering van het onbekende, 'vreemde' literaire werk. Ik noem het hier wat nadrukkelijk 'vreemd', omdat zo'n werk in een bespreking vaak geheel buiten zijn oorspronkelijke context staat en beoordeeld wordt op zijn 'literaire' waarde. Recensies hebben vaak een beperkte omvang en moeten in vrij korte tijd geproduceerd worden door mensen die wel verstand hebben van literatuur, maar niet altijd een even diepgaande (literaire) kennis hebben van het land of het werelddeel waar het werk oorspronkelijk geschreven of gepubliceerd is. In het onderstaande komen enkele interessante voorbeelden aan bod.

Nederlandse uitgeverijen als In De Knipscheer , Het Wereldvenster en in beperkte mate Meulenhoff hebben sinds de vorige eeuw een aanzienlijk oeuvre aan romans van auteurs, afkomstig uit de derde wereld, in hun fondsenlijst staan prijken. Met een Europese achtergrond sta je vaak met lege handen als je de literaire kwaliteiten, hoe stellig ook aanwezig, probeert te peilen. Zelfs de literaire tijdschriften zijn daarop niet toegerust behalve als de redactie uit hoofde van voorzichtigheid haar angstterritorium durft af te bakenen middels een themanummer, dat gewijd wordt aan deze vorm van literatuur. De belevingswereld van de schrijver uit de derde wereld kent haar eigen wortels, waarvoor de westerse scholing van het lezen geen voorbereiding biedt. Als literaire speurder maak ik een tour d'horizon langs de in het Nederlands beschikbare werken en hun auteurs uit Bengalen, Oeganda, India, Colombia, Kenia enzovoort. Ik doe een poging om de vooringenomen beoordelaar te verlossen van de stereotiepe associaties die bij het begrip 'derde wereld' aankleven, zoals het reflexmatig behuilen van sociaal onrecht en de 'derde'-rangs plaatsing van de 'derde' wereld. De Derdewereldliteratuur richt zich veelal op de onbekende wereld, waarin de auteur leven brengt en waarin het vrije in hem doordringt. Deze onbekende wereld is voor de schrijver uit de derde wereld de vervreemding en zijn opstelling daarin, de historie die hij moet opnemen en aanvaarden, veranderen of behouden zowel voor zichzelf als voor zijn lezer. In haast alle romans uit de derde wereld is de toekomst een vage bestemming voor de mens waarin geen perfectie of ideaal te vinden is, maar slechts verschrikking en ondergang. De mens in de derde wereld staat in onverschilligheid tegenover de lege aanblik van de toekomst. Hij heeft geen wereldbeeld meer, slechts een fragmentarische kennis. Hij leeft in de crisis, de verstrooiing der betekenissen. Hij leeft in eenzaamheid, in een dubbele betekenis: de eenzaamheid als archetype, als losmaking bij de geboorte uit een harmonieuze toestand van eenheidsbeleving met tijd en ruimte, en de eenzaamheid als vervreemding in een vijandige wereld en als vervreemding van zichzelf. Functioneel handelt de derde- wereldauteur tegen de belangen in van degenen die hem in leven houden. Het gevaar bestaat dat de tegenspraak die de gevestigde belangen afbreuk doet in zeer bescheiden mate meewerkt aan een verandering van het bestel, terwijl anderzijds de onderdrukte klassen noch vrije tijd, noch zin hebben om te lezen. Daarom kan de schrijversdaad objectief worden omschreven als vijandigheid tussen de behoudende krachten van zijn werkelijke publiek en de progressieve krachten van zijn sluimerend publiek.

Het schandaal en z'n gevolgen

Garcia Marquez uit Colombia is een schrijver die, verscheurd en ontevreden, verklaringen aflegt over de beklemdheid van het Colombiaanse volk door zich te verdiepen in verschillende maatschappelijke lagen van de samenleving waarvan hij zelf deel uitmaakt. Het realisme in zijn werk is niets anders dan één grote ademtocht. Zijn thema's beperken zich tot het langzame verval van de mens, een onderneming, een geslacht, een samenleving; hij neemt de natuur waar in een toestand van produktieve onevenwichtigheid en wist die onevenwichtigheid uit, hij keert tot een evenwicht terug door eerst alle bestaande krachten uit te schakelen. Hij stelt zich tot taak schandaal uit te lokken en eigent zich het onaantastbare recht toe aan de gevolgen ervan te ontkomen. Marquez blijft voortdurend kijken hoe de parasitaire aristocratie, welker voornaamste functie is het verworvene van een nijvere en produktieve gemeenschap te verteren, uitsluitend misbruik maakt. De bourgeoisie laat hem in alles maar begaan en glimlacht om zijn onbezonnenheid. Wat kan haar het schelen dat deze schrijver haar veracht; deze verachting heeft niet veel te betekenen want zij is zijn enig publiek; hij spreekt er alleen met haar over, hij neemt als schrijver haar in vertrouwen; het is in zekere zin de band die hen verenigt. En zelfs wanneer hij gehoor bij het volk zou vinden, welke schijn van kans zou hij dan hebben het misnoegen der massa's aan te wakkeren door hun uit te leggen dat de bourgeois laag-bij-de-gronds denkt? Overigens weet de bourgeoisie heel goed dat de schrijver heimelijk haar partij gekozen heeft; hij heeft haar nodig om zijn esthetica van oppositie en wrok te rechtvaardigen; van haar krijgt hij de zaken die hij verbruikt; hij wenst de maatschappelijke orde te handhaven om er zich blijvend een buitenstaander van te kunnen voelen: kortom hij is een opstandige, maar geen revolutionair.

Het sociale karakter van de stof die Marquez verwerkt, evenals het feit dat deze bestond voordat hij zich ermee bezig ging houden, verlenen hem de rol van tussenpersoon en zijn voldoende om hem te rechtvaardigen: hij is de man die de mooiste verhalen kent en die, in plaats van ze mondeling over te brengen, ze op schrift heeft gesteld; hij verzint weinig, hij borduurt, hij is de geschiedschrijver van het realisme.

Het rustige beeld der verandering

De Indiase RABINDRANATH TAGORE, die in 1913 de nobelprijs voor literatuur in de wacht sleepte, is een auteur wiens oeuvre tijdloos en universeel is, ondanks de sterke Indiase traditie en moraal die erin blijven doorklinken. De opbouw van zijn novellen en verhalenbundels is onwrikbaar; hij laat de lezer eerst kennis maken met de toehoorders, gewoonlijk een uit-gelezen en mondain gezelschap dat na een diner in een salon bijeen is. Het is zo'n nacht die alles, vermoeienis en hartstocht, wegneemt. De verdrukten slapen, de opstandigen ook; de wereld is verzonken, de geschiedenis komt weer op adem. In de lichtkring door het niets omringd, blijft deze elite over, die waakt en door haar eigen ceremoniën in beslag genomen wordt. Als tussen de leden van het gezelschap intriges bestaan, liefdesgeschiedenissen, haatgevoelens, worden de verlangens en driften tot zwijgen gebracht. Deze mannen en vrouwen zijn bezig hun cultuur en hun manieren te behouden en elkaar door middel van beleefdheid te herkennen. Zij verpersoonlijken de orde in haar uitgezochtste vorm: de stilte van de nacht, het zwijgen der zielenroerselen, alles werkt mee om de gestabiliseerde bourgeoisie te symboliseren, die denkt dat er niets meer zal gebeuren en die gelooft in het eeuwige bestaan van de kapitalistische organisatie. Daarop wordt de verteller ten tonele gevoerd: hij is een bejaard man, die 'veel gezien, veel gelezen en veel onthouden' heeft, een vakman op het gebied van ervaringen, een arts, militair, kunstenaar of Don Juan. Hij is in zijn leven aangeland op het moment waarop, volgens een eerbiedwaardige en gerieflijke mythe, de mens van zijn hartstochten verlost is en zijn vroegere zielenroerselen met toegeeflijke nuchterheid be-schouwt. Zijn hart is kalm als de nacht; hij staat los van de geschiedenis die hij vertelt; als hij eronder geleden heeft, heeft hij er zijn voordeel mee gedaan; hij kijkt achterom en beschouwt haar in alle oprechtheid. Er is beroering geweest maar die is reeds lang bedaard: de betrokkenen zijn dood, getrouwd of getroost. Zo is het avontuur een kortstondige wanordelijkheid die zichzelf heeft opgelost. Het wordt verteld vanuit een gezichtshoek van ondervinding en wijsheid, het wordt aangehoord vanuit het standpunt der ordelijkheid. De orde overwint, is overal; zij beschouwt een reeds lang vervaagde wanordelijkheid zoals stilstaand water op een zomerdag. De verhalen van Tagore zijn dan ook *verkla-*

rend: ze trachten aan de hand van een voorbeeld een psychologische wet te ontwikkelen. Een wet die het rustige beeld der verandering heet. Ik ging wat dieper in op het procédé van de vertelkunst van Rabindranath Tagore, omdat het de basis vormt voor alle Indiase romanschrijvers van zijn generatie, én van de onmiddellijk eraan voorafgaande en de volgende generaties. De verteller in de vertelling is altijd aanwezig. Hij kan teruggebracht zijn tot een abstractie, vaak is hij zelfs niet met zoveel woorden aangeduid, maar hoe dan ook, er wordt door zijn subjectiviteit heen verteld. Als hij in het geheel niet verschijnt komt het niet omdat men hem als een nutteloos onderdeel heeft weggelaten, maar omdat hij de tweede persoonlijkheid van de schrijver is geworden. Deze, voor zijn onbeschreven papier gezeten, ziet zijn fantasieën in ervaringen veranderen, hij schrijft niet meer uit eigen naam, maar naar hetgeen een gerijpt en bezadigd man die getuige was van de verhaalde omstandigheden hem voorzegt. Tagore heeft als realistische schrijver de objectieve geschiedenis van zijn tijd willen weergeven. Hij houdt het abstracte schema van de methode aan, dat wil zeggen dat zijn romans een gemeenschappelijk milieu of stramien hebben, dat niet de individuele en historische subjectieve kant van hemzelf is, maar de ideale en universele subjectiviteit van *de man van ervaring.* Eerst wordt het verhaal in de verleden tijd verteld: verleden *voor de vorm,* om afstand te brengen tussen het gebeuren en het publiek; *subjectief verleden,* overeenkomend met het geheugen van de verteller:

sociaal verleden omdat de anekdote niet behoort tot de geschiedenis van het ogenblik waaruit nog geen conclusies te trekken zijn, maar tot de geschiedenis die *afgehandeld* is.

Tagores poëzie daarentegen veroorzaakt bij de lezer een gevoel van serene geestvervoering bij de dagelijkse meditatie op het oneindige wezen dat in één scheppingsstroom het brein en de buitenwereld verenigt. De stroom gevoelens die door zijn poëzie opgewekt wordt lijkt op een luchtcirculatie, een atmosfeer die een bepaalde wereld noodzakelijk maakt om zichzelf te vervolmaken en te bevredigen. De charme ervan komt tot de lezer door hetzelfde ongeziene en spoorloze kanaal als de inspiratie van zijn gedichten. Opmerkelijk in Tagores poëzie is dat het religieuze leven erin dezelfde geheimzinnige groeilijn heeft gevolgd als zijn dichterlijke leven. Deze levens zijn hoe dan ook met elkaar gehuwd en hoewel hun verbintenis een lange ceremoniële periode doormaakt, wordt het geheim ervan je toch onthouden.

De mondelinge traditie

Het meest kenmerkende van de Afrikaanse literatuur is de *mondelinge* overlevering van de volkswijsheid van generatie tot generatie. De gesproken en beluisterde letterkunde behoort dan ook tot het vóórliterair stadium. De mondelinge literatuur kan zeer veel omvatten, heel wat meer dan men zich gewoonlijk bewust is, en zij geeft bovendien een diep inzicht in het gevoels- en gedachtenleven van de betrokkenen. De Oegandese dichter OKOT P'BITEK, die de orale literatuur verwoordt, drukt in zijn boek *Lied van Lawino & Lied van Ocol* zijn veelheid van inspiraties uit die hun oorsprong vinden in zeer oude Afrikaanse vertellingen die gewoonlijk mondeling werden overgedragen. Zijn poëtisch proza bestaat uit twee delen en heeft erg veel weg van een muzikaal samenspel met een verbijsterende hoeveelheid uitleg en herhalingen. Ze bevatten soms irreële en nostalgische 'overleveringen' van een tot ondergang gedoemde cultuur of ze spelen zich af in de geestenwereld. Het zijn niet alleen maar de min of meer schilderachtige expressies van een toevallige, voor-bijgaande gemoedstoestand die de negroïde be-volkingsgroep graag door haar ontboezemingen heen weeft. Er zit een krachtig visueel element in zijn werk, een opzettelijke poging om te *zien.* Soms voelt men dat P'Bitek, gegeven zijn melancholieke aard, zich geen beter lot heeft kunnen wensen met het schrijven van dit bijna driehonderd pagina's tellende boekwerk. P'Bitek idealiseert in zijn werk de Afrikaanse schoonheid. Ook al moraliseert hij veel, zijn stijl is potig en pakkend. In feite klaagt hij in het eerste gedeelte van het boek alleen de verstikkende normen en waarden van de blanken aan en niet de blanke menssoort: *'Je kust haar op de wang zoals blanken doen, je kust haar lippen, open zweren Zoals blanken doen, Je zuigt slijmerig speeksel op Uit elkaars mond Zoals blanken doen...'*

P'Biteks karikaturale stilering van de situaties is

prikkelend door de nervositeit die ervan uitgaat. Zijn emotie wordt niet in al zijn gedichten in toom gehouden. Zijn boze, tragische woorden verspreiden een soms te felle gloed. Vage beelden van smart en tragiek flikkeren dan langs elkaar heen. P'Bitek probeert voortdurend de wereld waarin de waarheid wordt vertrapt en de geest van de bloeddorstigen aldoor maar opbloeit, in de schaduw van het abattoir, in kaart te brengen. Het beeld dat P'Bitek in zijn poëzie oproept is een dramatisering van *het leven in twee werelden*. Zijn dichtbundel is een teken van een eigen karakter en is voortgekomen uit een gemeenschap die je meteen *cultuur* kunt noemen. *'Lied van Lawino & Lied van Ocol* laat zich makkelijk lezen ondanks de vervlechting van de meest gecompliceerde verschijnselen uit het drukkende Afrikaanse leven die op een volstrekt gewone manier worden uitgedragen. De intensiteit van de gedichten maakt ten slotte de ernst en de ironie van de dichter uit. Je ervaart zijn hele dichtbundel door de verheerlijking van de lyrische IK die midden in de strijd van het leven staat en zichzelf er tegelijkertijd aan onttrekt door erover te schrijven. De streek waar P'Bitek is opgegroeid wordt direct zichtbaar als een mythische voedingsbodem voor zijn dichterschap. Iedere zin in zijn dichtbundel is een springplank naar een volgende zin. De lyrische constructies, de metaforen en de symbolen lijken in zijn werk opnieuw geordend te zijn. De ritmische vloed wint aan revolutionair elan en behoudt een lange adem.

Wie maakt de wetten?

SIPHO SEPAMLA, die in 1932 in de omgeving van Krugersdorp (Transvaal) geboren werd, begon zijn literaire carrière in 1967 met de publikatie van het gedicht *To whom it may concern* in het Amerikaanse tijdschrift *Playboy.* Het gedicht beschrijft in onderkoelde toon vol ironie de door de apartheid verkleinde levensruimte voor de zwarte en zijn genummerde identiteit, en is zowel representatief voor Sepamla's oeuvre als voor de zwarte Zuidafrikaanse werkelijkheid. Medio 1981 verscheen van hem de tweede roman, *A ride on the whirlwind,* waarin hij de Soweto-opstand beschrijft. Dit werk werd, net als zijn gedichtenbundel *The Soweto I love,* direct na verschijning verboden. In de zes hoofdstukken tellende roman *De ondergang van Johnstown* beschrijft hij het leven van de zwarte man Juda, die uit angst zijn vriend Spiwo uit het verzet aan de politie verraadt. Juda's gewetensstrijd brengt hem er op het laatst toe zelfmoord te plegen. Het hele boek is doortrokken van aspecten als collaboratie, verraad en wraak binnen de zwarte woongemeenschappen zelf. Maar bovendien worden de zwarten gedwongen te verhuizen. Als er een poging gewaagd wordt de kwestie van de gedwongen verhuizing voor het gerecht te brengen, dan wordt men verlamd door de volgende denigrerende woorden: 'Wie maakt de wetten? Door wie zijn de gerechtshoven gebouwd? Wie verdient het geld waarmee de advocaten worden betaald? Welke taal wordt in het gerechtshof gebruikt en welke taal wordt er in Johnstown gesproken?'

Zo viert de kleinzieligheid hoogtij... Arrestaties worden er volstrekt willekeurig verricht; elke zwarte is aan de genade van de 'ondervragers' overgeleverd. Het merendeel van de gevangenen zegt niets omdat men niets kan zeggen, of stemt er ten slotte, om een eind aan het lijden te maken, in toe een valse getuigenis af te leggen of een misdaad te bekennen, die men niet gepleegd heeft, maar waarvan het opportuun geacht wordt hem ermee te belasten. Het doel van de ondervraging is niet alleen de gevangene tot spreken te dwingen: hij moet zich door zijn kreten en onderwerping degraderen tot een menselijk beest; in de ogen van anderen en in de ogen van zichzelf. Hij moet door zijn verraad gebroken en voor altijd van zichzelf vervreemd worden. De zwarten worden het hele boek door behandeld als een kruising tussen een misdadiger en een uitzinnige. Bij het bespreken van deze roman word ik door vele treffende dingen aangegrepen, ik dring volkomen door in de materie, maar van de stijl heb ik geen hoge pet op. Enige beperking in zijn feitenrelaas zou zijn boek erg goed gedaan hebben, denk ik. Desondanks is De ondergang van Johnstown in zijn naakte presentatie de vormgeving van een eigen ervaring; en die ervaring is authentiek als je haar bekijkt tussen de racistische dwingelandij van de blanken en de toekomstige maatschappij die de zwarten proberen op te bouwen.

Bejaarden

In de roman *De afvallige* van de Keniase schrijver

MIKE MWAURA duikt een nieuw thema op. Hierin doen arme bejaarden schoorvoetend hun intrede in de literatuur. In het zogeheten westers georiënteerde Kenia vormt de tegenstelling tussen de 'moderne' stad en het sobere platteland (om maar niet te spreken over de nog scherpere tegenstelling tussen de in dat land illegaal aanwezige blanke meneren en mevrouwen en de zwarte inheemse bevolking) de basis voor nagenoeg alle maat- schappelijke betrekkingen. Het zijn de oudjes met hun eenvoudige levenswandel die bezield worden door een hevige passie. Vooral onder de jongeren begint een grote uittocht van het platteland naar de stad. Dit ur- banisatieproces leidt niet alleen tot de groei van de stadsbevolking, maar ook tot de opkomst en groei van een nieuwe klasse: het stadsproletari-aat. Het verhaal bestrijkt de geschiedenis van een oude man, Roehara, die zijn zoon laat studeren. De zoon, Koenjoega, kan even handig hak en schop hanteren als op school pen en papier. Op zich is dit bijzonder zeldzaam omdat veel van Koenjoega's klasgenoten ervoor zorgen dat ze een mijl bij een hak of bijl vandaan blijven. Ze hebben er een afkeer van en noemen het een werktuig van 'de gewone man'. In de gemeenschap waarin Koenjoega opgroeit zijn arme mensen die het grootste deel van hun leven naar een beter bestaan verlangen; sommigen zijn vervuld van jaloezie jegens de succes-vollen. Je hebt er ook de trotse mensen die anderen zonder enige reden met de nek aankijken. Van Koenjoega wordt door anderen in de fami- lie verwacht dat hij zijn ouders niet zal teleurstellen en dat hij het als zijn dure plicht zal zien de lasten van zijn ouders te verlichten. Als hij afstudeert denkt hij meteen aan driedelige pakken, meiden en andere luxe, terwijl iedere willekeurige portier van blanke komaf het nog waagt hem in het gezicht voor een domme zwarte uit te schelden. Zijn vader en moeder laat Koenjoega volkomen in de steek omdat hij ervan uitgaat dat: 'wat mijn ouders willen, is mijn geld verkwisten. Dat ik hun zoon ben geeft hun niet het recht mij te dwingen hun mijn geld te geven. Ze hebben me grootgebracht omdat ze dat moesten; het is een van de heilige wetten van de natuur', Iedere dag voelt de vader van deze jonge intellectueel zich steeds meer bedrogen en in de steek gelaten. Ontberingen en frustraties hebben zijn vastberadenheid te gronde gericht. De schrijver Mike Mwaura slaat de mens in zijn boek door het koude glas van de dood gade. Ofschoon Roehara in een collectief engagement leeft lukt het hem toch niet de innerlijke onrust van zich af te schudden. Hier en daar laten enkele zinnen in het boek zien dat hij, geïndividualiseerd als hij is, ten slotte kiest voor de meest individuele oplossing. Hij staat net als alle arme bejaarden op de onderste sport van de maatschappelijke ladder. De bejaarden uit de hogere klassen staan op de hoogste sport. De tegenstelling is eigenlijk zo flagrant dat men bijna zou denken met twee verschillende soorten te maken te hebben. De economische en sociale veranderingen, voor de ene groep erg schadelijk, voor de andere niet, zijn in ieder geval nadelig voor de allerarmsten. In *De afvallige* bestaan twee ideologische stromingen naast elkaar: een *religieuze en een spirituele* en daarnaast *een pessimistische en materialistische.* De schrijver vergelijkt de levensloop van de afvallige mens met een boog, die van de aarde naar de hemel stijgt, zijn hoogtepunt bereikt en vervolgens daalt. Het leven van de bejaarde is geen landschap waarin hij rustig kan wandelen, maar naarmate hij verder erin doordringt wordt het een ruïneveld. De brokstukken die eruit opduiken zijn meestal kleurloos, verkild, vervormd; hun zin ontgaat hem. Het affectieve evenwicht van Roehara hangt in deze roman vooral af van de verhouding met zijn zoon Koenjoega. Als in een later stadium de oude man wantrouwen jegens zijn zoon ontwikkelt raakt hij in een algehele toestand van sterke depressie, gekenmerkt door een gevoel van verdriet en door vertraging en verstarring van zijn psychische functies.

Het zwijgen van de heilige

Met de uitgave van *Roeier op de Padma* van de Bengaalse schrijver MANIK BANDOPADHAYA laten het Wereldvenster en Novib doorklinken dat men bij deze organisaties ook in staat is iets anders dan alleen maar gebroken jammerklachten van auteurs uit de derde wereld te publiceren. Er moet mij van het hart dat Novib en Het Wereldvenster zich vaak op een verkeerde manier over de verworpenen van deze aardkloot ontfermden. Ik kan mij nog heel goed de bloemlezing *Stem van alarm en vuur* van Novib herinneren waarin overwegend geëngageerde bellettrie werd opgenomen. Bij mij sloegen de vuurtongen uit m'n mond toen ik deze met een moraliserende wereldverbeterende lava overgoten bloemlezing zat te lezen. Bij deze uitgeverijen houdt men er kennelijk nog steeds de gedachte op na dat hoe harder een derde-wereldauteur kreunt, des te origineler hij overkomt. Degene die om zijn pijn giechelt telt keihard niet mee. Over het plattelandsvolk van India wordt haast letterlijk door de welgestelden, vaak geldschieters en oplichters, heen gewalst. De arme mensen zijn helemaal overgeleverd aan de genade van de profijttrekkers als zij geen beroep meer kunnen doen op hun buren, die zelf op de rand van de ellende leven en niet genoeg hebben om nutteloze monden te voeden. Als de arbeider bestand blijkt te zijn tegen overreding en list, aarzelt men niet hem iets voor te liegen of geweld tegen hem te gebruiken. In dit decor bewegen de personages van *Roeier op de Padma,* die zich aan de lezer in vele gedaantes voordoen. Elk van hen bewaart een of ander smartelijk geheim. Iedereen is het slachtoffer van obsessies, van spookbeelden en iedereen wordt bewerkt door geheime demonen. Het mysterie van hun wezen wordt gesymboliseerd door dramatische, nooit opgehelderde histories. Kuber, die het niet breed heeft, woont met vrouw en kinderen aan de Padma, waarover de Bengaalse dichter Rabindranath Tagore zoveel lyrische impressies heeft verwoord. Als enige vriend heeft hij zijn collega Ganesch, overigens een sukkel die met zijn grenzeloze stompzinnigheid voortdurend de bron van verbazing en mystificatie symboliseert. Hij weet precies wat hij wil en meestal krijgt hij alles wat hij wenst zelfs op een altruïstische manier. Kuber bevindt zich in het hart van alle intriges en lage avances van mensen. Hij leidt een bestaan van sleurhandelingen, waaraan hij zich zonder dwang heeft overgegeven. Hij beschouwt zichzelf als een autonoom en transcendent subject, en het is voor hem een vreemde .gewaarwording om later in zichzelf een wezenlijke, gegeven inferioriteit te ontdekken. Hoe hoog hij zich ook probeert op te trekken, hoe ver hij zich ook waagt, hij stoot zijn hoofd voortdurend tegen een plafond en er zijn altijd wel muren die hem de weg versperren. Maar door het aanvaarden van die passiviteit berust hij er ook in zich zonder verzet te schikken in het lot dat hem van buitenaf wordt opgedrongen. De baas, een visser, die het net iets beter heeft dan Kuber en voor wie Kuber werkt, betuttelt hem voortdurend. Kubers charme ligt in zijn zwijgen. Het is een zeer schrander, veelzeggend zwijgen waarin iets van de wijze en iets van de heilige schuilt. De natuur is voor hem niet langer een toevallige verzameling van afzonderlijke dingen, maar een harmonisch geheel, een streng en verheven gedicht: hier blinkt een luister, daar fonkelt een licht dat anders is dan de glans van een bloem of een ster. Het bos is voor Kuber daarom niet zo maar een stel bomen maar een stralend geheel, zoals een formatie sterren. Het bezit zichzelf in een voortdurende en onwrikbare existentie. In zijn eigen huis wordt echter de scepter gezwaaid door gewoonten, morele verplichtingen, sleur en problemen. In feite ontdekt Kuber in de geheime plekken van de natuur de afspiegeling van de eenzaamheid van zijn ziel en in de wijde horizon van de vlakte ziet hij de tastbare gestalte van zijn transcendentie; in het ruisen van het water van de Padma, in het trillen van het licht boven het water voorvoelt hij de tranen, de vreugden en extases die zich bij hem niet duidelijk openbaren. Golfgekabbel van de Padma, zonnevlek-ken op de grond, houden vage beloften in. Geuren en kleuren spreken een geheimzinnige taal waaruit zich triomfantelijk één woord losmaakt: *leven.* Eén met aarde en hemel, is Kuber de vage ademtocht die het universum tot gloed en leven wekt. Als individu geworteld in de aarde, als bewustzijn oneindig is hij tegelijk geest en leven. Zijn aanwezigheid is even onafwijsbaar en overtuigend als die van de aarde zelf. Maar over die natuur heen zoekt Kuber soms naar een nog verder verwijderde en nog stralender werkelijkheid; hij heeft de neiging zich in mystieke extases te verliezen. De vrouw van Kuber gelooft zoals het in het maatschappelijke verkeer van India betaamt, oprecht in de mannelijke suprematie. De man is dus niet alleen één van de beide elementen van het paar, maar ook de samenbindende factor; hij vormt de transcendentie daarvan. Op dit kosmisch voordeel van de man in India wordt door Kuber een sociaal voordeel geënt. De maatschappelijke normen van India houden het beginsel in dat de vrouw polair naar beneden, naar het middelpunt van de aarde gericht is, terwijl de man naar boven, naar de zon en dagelijkse activiteiten is gepolariseerd. De geboorte van een kind is in het dorp waar Kuber met zijn gezin woont geen blijde gebeurtenis, integendeel, deze wordt niet gevierd, het is iets dat somber stemt. Je. proeft er het leven in: gebrek, hebzucht, wellustigheid en het bekrompen najagen van eigenbelang. De schrijver Bandopadhaya laat in dit werk zien hoe een gezin dat het niet beter heeft dan de gemiddelde Indiër, als een bijenkoningin vreedzaam in zichzelf rustend en in harmonie met de natuur, de kracht om te leven en de zin van zijn bestaan vindt.

De dichtbundel Op weg naar Ararat van de Koerdische dichter Baban is een exponent van de tijd en situatie van zijn geboorteplaats, waarin zijn gedichten zich goed lijken te kunnen legitimeren. De in 1999 naar Nederland gevluchte Koerdische dichter schreef deze bundel voornamelijk in het Nederlands. Het is zijn tweede bundel (in 1998 publiceerde hij in Irak Ruïne van Babylon), en zijn eerste in het Nederlands. Voor deze dichter is poëzie een kunstvorm die het best gedijt op papier en zich laat kenmerken door primaire uitingen: gemakkelijk, snel in elkaar geflanste woordreeksen, vaak voorzien van enige grove effecten.

> *monsterlijk roofdier*
> *grimmig gezicht*
> *ik wil jouw agressieve tanden afbreken*
> *Eeuwenlang ben jij jong gebleven*
> *met jouw laffe kracht.* (p. 54)

Maar Baban zelf lijkt niet uit te zijn op het subversieve karakter van zijn poëzie.

Hij rapporteert vanuit zijn positie als observator, sorteert zijn waarnemingen vanuit een zekere onbevangenheid. Hij plaatst die tegen het decor van de maatschappelijke tegenstellingen in zijn land in een perspectief dat als sociaal gelijkwaardig kan worden aangeduid. Vervolgens opent hij daarmee ook de discussie over sociale in- en uitsluiting (lees: politiek machtsspel).

mijn perspectieven kunnen niet groeien
zonder de botsing van het leven
zonder moeilijkheden , zonder verdriet,
zonder ontmoeting, afscheid en dan vertrekken,
mijn gedachten zouden een klein jongetje
gebleven zijn
een verdoofde mens zou ik gebleven zijn
als ik trouw aan het geloof
gebleven was
mijn ziel zou nooit vergroten, ontwikkelen
als ik hem in het idealisme ingelijst had.

Hier blijkt de betrekkelijkheid van het (smaak)oordeel van de dichter en wordt duidelijk dat Babans expliciet beleden anti-intellectualisme in dienst staat van het eclecticisme, hetwelk hem zijn arbeid als dichtende 'reporter' pas mogelijk maakt. De ideologische en programmatische trekken in zijn gedichten hebben direct betrekking op zijn waarnemingen. Hij brengt de ideologische bestaansvoorwaarde ervan in kaart en geeft er vorm aan binnen de perken van de dialectiek, welke laatste wordt geladen met een overmaat aan ideologie. Dat wat hem niet welgevallig is, houdt hij gewoon buiten de deur.

In onderstaand gedicht bijvoorbeeld lijkt het woord louter informatief te worden en lijkt het op te gaan in het object. Tegelijk met een sterke behoefte aan precisie en exactheid neigt het woord naar het toenemende, naar het visuele en tastbare. De dichter neemt in de vorm van een paar begerige, versteende ogen en woorden die als penselen fungeren, de verantwoordelijkheid op zich om de vormen te schetsen en de inhouden te onthullen:

Hij kent deze taal niet
hij brabbelt ver verleden
hij begrijpt de regels van het bos niet
hij maakt passen naar het verleden

In de tegenwoordige sfeer
zijn woorden
met zwaar verdriet
rotsige magie
als een nacht

Zijn woorden
hij is creatief
de geboorte

van een vreemde taal (p. 68)

Hoewel de gedichten van Baban op eerste oog als scherpzinnig en indringend overkomen, getuigt de literaire conventie die hij zich eigen heeft gemaakt er oprechte gevoelens en waarnemingen in te gieten, verre van enige artistieke prestatie. Het is misschien ook een zware opgave voor dichters uit zwaar getroffen en geteisterde gebieden om hun woede, verdriet, onbehagen en wat dies meer zij, ook nog eens te zien verpakken in een voor de leesconsument goedogend verpakkingsmateriaal en eclatante vorm. Vaak wordt er inbreuk gedaan op hun zeggingskracht als er te veel aandacht wordt besteed aan het cryptische element ervan, aan de taligheid en de architectonische vormgeving.

Desalniettemin herbergt de bundel Op weg naar Ararat gedichten die getuigen van een absorberende hartstocht waarin het esthetische weliswaar niet nadrukkelijk aanwezig is in de vormschoonheid maar meer in de prikkel waarmee een bizarre werkelijkheid wordt ontvouwd, in de menselijke geest, in opgediepte lang vergeten ervaringen, uit intens doorleefde gewaarwordingen, uit gevoelens en gebeurtenissen die niet op zichzelf staan maar pas vorm beginnen te krijgen in een proces waar de herinnering in de loop van de tijd steeds meer betekenis aan toevoegt.

Op 25 september 2009 is de achtste gedichtenbundel "Sierlijke golven krullen van plezier" (ISBN 978 90 6265 644 8; NUR 306) van Walter Palm verschenen bij Uitgeverij In de Knipscheer. Op 6 maart 2010 vond een succesvolle presentatie van deze bundel plaats in Landhuis "Bloemhof" op Curaçao.

Deze bundel bestaat uit drie delen: (I) "Curaçao" ; (II) "Curaçao in het hart van Den Haag" en (III) "De vluchtige kus van de zwarte vlinder". In het openingsdeel "Curaçao" komen zowel de plezierige als de problematische aspecten van het geboorte-eiland van de dichter aan bod. Leuke zaken als de vermakelijkeNanzi (de Caraïbische variant van Reinaart de vos), de indrukwekkende zonsopkomst in de tropen, het aanstekelijk carnaval en de meeslepende muziek van zijn betovergrootvader Jan Gerard Palm passeren in dit deel de revue, maar ook staat de dichter stil bij minder aangename aangelegenheden zoals de zwaar milieuvervuilendeolieraffinaderij en het treurig slavernijverleden.

Licht en schaduw wisselen elkaar ook af in het middendeel van de gedichtenbundel. In dit deel ("Curaçao in het hart van Den Haag" dus) zijn gedichten opgenomen over gebeurtenissen en plekken in Den Haag die direct gerelateerd zijn aan Curaçao. Er is het vrolijk gedicht over het Jan Gerard Palm concert dat in aanwezigheid van HM de Koningin in Den Haag plaatsvond op 1 november 2008, maar er is ook een gedicht over de droevige aanleiding voor Madurodam. Het beginkapitaal voor deze wereldberoemde bezienswaardigheid in Den Haag werd namelijk geschonken door de Curaçaose familie Maduro voor een monument als blijvend aandenken voor hun zoon George Maduro die in Dachau was overleden.

In het slotdeel staat de dood centraal. De dood komt in wisselende gedaanten voorbij. Soms is de dood "sneeuwwit als poedersuiker", dan weer is de dood "de onpeilbare inktzwarte diepte" of "een op hol geslagen paard dat draaft over kale vlakte van mijn hart". In dit slotdeel staat de verklaring voor de titel van de gedichtenbundel, die namelijk ontleend is aan een regel uit het gedicht "Zee".

De drie delen van de gedichtenbundel zijn onderling verbonden. Het openingsdeel eindigt met een gedicht over de muziek van Jan Gerard Palm, en in aansluiting hierop opent het middendeel met het Jan Gerard Palmconcert. In het middendeel komt ook de poëzie van de Curaçaose dichter Pierre Lauffer, die eerder in het openingsdeel van de gedichtenbundel wordt beschreven, weer terug in het gedicht "De Collectie Antilliana van de Haagse bibliotheek". Het middendeel eindigt met "Zilver" een gedicht over de dichter die in Den Haag in het midden van de nacht gewekt wordt door het geluid van een gevallen zilveren lepel, en die vlak daarop wordt gebeld dat zijn moeder op Curaçao is overleden om vijf uur 's middags lokale tijd. Het slotdeel van de gedichtenbundel sluit hierbij aan en opent met het gedicht "Vijf uur 's middags".

Het gedicht "Over kale vlakte van mijn hart" is door het dagblad "Het Parool" uitgekozen tot Gedicht van de Dag op 17 november 2009. Het gedicht "Over kale vlakte van mijn hart" is geïnspireerd op de zin "Por los ojos de la monja galopan dos caballistas" uit het gedicht "La monja gitana" uit de bundel "Romancero Gitano" van Federico García Lorca. De invloed van Federico García Lorca komt in de gedichtenbundel "Sierlijke golven krullen van plezier" ook tot uitdrukking in het veelvuldig gebruik van herhalingen in de gedichten, zoals deze beroemde Spaanse dichter dat toepaste in het magistrale gedicht "Llanto por Ignacio Sánchez Mejías". Het gebruik van herhalingen betekent dat "Sierlijke golven krullen van plezier" een andere stijl heeft dan de eerdere gedichtenbundel "Met lege handen ging ik slapen, met een gedicht werd ik wakker" (uit 2002) van Walter Palm die gekenmerkt werd door buitengewoon compact taalgebruik.

Aletta Beaujon behoort tot de overtuigde Antilliaanse dichters die niet volgegoten zijn met heimwee . Blijkens de in de bundel met verzamelde gedichten opgenomen bibliografie komt zij zeker niet voort uit een bekrompen provincialisme maar is zij een kosmopoliet geweest die aan Curacao snel kon wennen, waardoor ze haar dagelijkse omgeving niet miste, haar huis, haar land of hut, haar gewoontes en gebruiken etc. Zij begon te behoren tot één van de meest vooraanstaande dichteressen onder de Antilliaanse jongtalenten, één der weinige uit die streek die de wereld zou verkennen, de vreemde kunst en cultuur die zij in één van haar gedichten als volgt verwoord heeft: (pag.57)

'Wij blijven overnachten/ en vliegen morgen verder/ we weten nooit wanneer/en gaan maar weer/gevleugelde gedachten

Het hele gore noorden/sluipt koud en donker samen/ daar zijn wij geweest/op een bruiloftsfeest/ met broeiende woorden

Als het zuiden koren zaait/zijn wij verre vogels/thuisgekomen na de lange winter/ van sneeuw ijzegrijs daarginder/ de hele meeuwenmassa kraait

Wij gaan er kleuren kopen/het denken komt nooit vrij/ maar leeft er domweg dorstig mee/ ons hemelhuis was blauw gedwee/zijn wij gebleven in de tropen'

Beaujon uit hier een beredeneerde liefde omdat zij weet dat zij, ondanks haar zwerftochten, op Curacao thuishoort en daar haar menselijke plicht heeft te vervullen; zij heeft daar de mensen die zij moet beminnen en helpen; omdat daar haar wezen is gevormd en geaard , de landschappen liggen waar haar ogen op zijn afgestemd, de taal gesproken wordt die van oudsher de hare is. Zij legt het verband tussen haar eigen persoonlijkheid en haar land om dat begrijpelijk te maken. Desalniettemin is deze bundel verzamelde gedichten (deels Nederlandstalig, deels Engelstalig) die ingeleid en van een intrigante bibliografie van de dichteres voorzien is door niemand minder dan de gewezen redacteur van het voormalige Nederlandse literaire tijdschrift >i>Literair Paspoort, Aart G. Broek , een hymne aan de hele wereld , een stille zang van liefde en trots. Pag. 178-179:

'Last night we walked to the mountains / to see the sunset over Athens/ the colours spouted from the fountains/in the sky/ red gleaning clouds denounced/ the source of light reflected

the perfect silence of a thousand worlds/ the pains and shadows of a thousand gods/ in contemplation/ fell on Athens with the dark light hours ecstasy/ and we saw the ghosts of a thousand centuries/ come back/to greet the sun drowned city/with dreadful/naked nighttime memories'

Athene behoort tot onze oudste en historische steden, is één der minst geschonden oorden van Europa ondanks het reusachtige wereldverkeer dat er op en neer tolt. Aletta Beaujon heeft dat uitstekend ingezien en uitgesproken in de golvende en schilderachtige volzinnen van dit vers. Haar beschrijving van deze oude stad is zeer verheerlijkend met haar gloeiende avondschijn waarboven je de van angst gonzende lucht ziet opsteken.

Toch bestaat er een eigenaardige 'Antilliaanse' psyche in deze verzameling gedichten, die erg persoonlijk is, heel fier, heel somptueus van veel genotziek getuigt. De dichteres verheerlijkt en bemint met onstuimige hartstochtelijkheid diverse plaatsen die zij bezocht heft. Pag. 209:

'The sea and the stones of Delos' beach / are softly singing/ rhythmically they carry me away/ to sleep again / the friendly voices of the little waves/ caress the pebbled beach of Delos/where I sleep/ at noon-'

De dichteres heeft de Natuur lief; zij bezit tevens het talent het door haar waargenomen natuurschoon op aantrekkelijke, suggestieve wijze weer te geven. Op pag. 129 uit zij dit als volgt:

'Het geraas van planten/ in de dorre wind/ in een vallei ver boven de zee/ een stille eenzaamheid/ van steen en wolken/ waar ik zo graag van droomde/ bestaat daar boven/ Ik heb er niet gespeeld/alleen gezeten/alles zweefde daar/ ik dacht nog/ van het moeilijke dalen/ naar de zee'

Hier viert de schoonheid van dit wondere landschap hoogtij. Nu zijn er wolken die vlammen, en bergen die gloeien. Nu zijn er bergen, die stralen als verlichte opalen.

Aletta Beaujon betoont zich in dit verzamelde werk iemand die gevoelig is voor kleur, lijn, klank en ritme. Haar bron van inspiratie is de natuur, in het bijzonder zee, strand en wind. Een eindeloze creatie in kleur, beweging, vorm, klank, geur en spel van water en lucht. Het maakt haar enthousiast, nieuwsgierig en brengt haar in contact met zichzelf! Sterker nog, het helpt haar te herinneren wie zij is en wat zij wil. Het boort haar bron van inspiratie en creatie aan, laat het stromen en tot leven komen.

Zij laat je daar graag van mee genieten en biedt je de kans om hierdoor weer in beweging te komen. Soms letterlijk door je mee te nemen naar de zee om weer te kunnen ademen, tot rust te komen en je vragen helder te krijgen. Aletta Beaujon heeft in de meeste verzen haar extatische, wildlyrische liefde uitgezongen voor de levenskrachtige metropolis, voor haar geweldig leven, en haar rijkdom.

Biografie

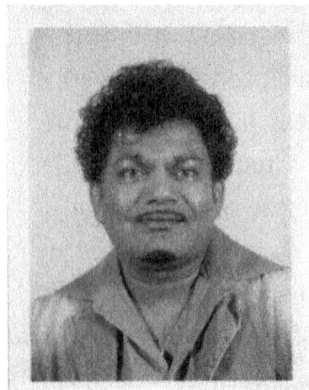

Rabin Gangadin (*Paramaribo) is een Surinaams dichter en prozaschrijver.

Hij studeerde in 1986 af als arbeidssocioloog en promoveerde in oktober 1998 tot doctor in de sociale economie.

In 2001 studeerde Gangadin af als landbouwingenieur aan de Landbouwuniversiteit te Wageningen (Nl) en in februari 2004 legde hij de eerste hand aan zijn tweede dissertatie op het gebied van het strafrecht. In 1981 werd in het maandblad Avenue het hele literaire katern gewijd aan proza en poëzie van de debuterende Gangadin. Hierna volgden onder meer 'De Gids', 'Argus', 'Yang', 'Ons Erfdeel', 'Maatstaf' en 'DeTweede Ronde'. Gangadin verwierf vooral bekendheid met zijn van cynisme en scherpe kritiek doorschoten essays en literaire kritieken.